领导力提升实战丛书

想带好团队
就要让对的人做对的事

XIANGDAIHAOTUANDUI
JIUYAORANGDUIDERENZUODUIDESHI

鲶鱼效应

李帆◎编著

广东旅游出版社
GUANGDONG TRAVEL & TOURISM PRESS

中国·广州

图书在版编目（CIP）数据

想带好团队，就要让对的人做对的事 / 李帆编著. — 广州：广东旅游出版社，2017.8（2024.8重印）
ISBN 978-7-5570-1005-8

Ⅰ.①想… Ⅱ.②李… Ⅲ.组织管理学 Ⅳ.①C936

中国版本图书馆CIP数据核字（2017）第121561号

想带好团队，就要让对的人做对的事
XIANG DAI HAO TUAN DUI，JIU YAO RANG DUI DE REN ZUO DUI DE SHI

出 版 人	刘志松
责任编辑	官　顺
责任技编	冼志良
责任校对	李瑞苑

广东旅游出版社出版发行

地　　址	广东省广州市荔湾区沙面北街71号首、二层
邮　　编	510130
电　　话	020-87347732（总编室） 020-87348887（销售热线）
投稿邮箱	2026542779@qq.com
印　　刷	三河市腾飞印务有限公司
	（地址：三河市黄土庄镇小石庄村）
开　　本	710毫米×1000毫米 1/16
印　　张	18
字　　数	256千
版　　次	2017年8月第1版
印　　次	2024年8月第2次印刷
定　　价	78.00元

本书若有倒装、缺页影响阅读，请与承印厂联系调换，联系电话 0316-3153358

序言

鲶鱼效应解读
（代序）

鲶鱼，一种生性好动的鱼类，并没有什么十分特别的地方。然而，自从有渔夫将它用作保证沙丁鱼活着的工具后，鲶鱼日益受到重视。

沙丁鱼，生性喜欢安静，追求平稳。对面临的危险没有清醒的认识，只是一味地安逸于现有的日子。

渔夫，是聪明地运用鲶鱼来保证沙丁鱼活着的人，在这个过程中他也获得了最大的利益。

本书是关于鲶鱼、沙丁鱼和渔夫的故事，和其他同类故事有所区别的是，本书将这个故事运用到企业的日常管理中来。通过对故事的阐述来说明鲶鱼效应在企业管理中发挥的作用和如何发挥着作用。

鲶鱼效应，对于企业来说，其本质就在于创新。培养创新意识和机制，是所有企业当前必须考虑的现实问题。因为市场竞争在加剧，市场形势在风云变幻中。

鲶鱼效应，对于渔夫来说，在于激励。渔夫采用鲶鱼来作为激励沙丁鱼不断游动，以保证沙丁鱼活着，以此来获得最大利益。在企业管理中，领导者要实现管理的目标，同样需要引入鲶鱼型人才，以此来改变企业一潭死水的状况。

鲶鱼效应，对于鲶鱼来说，在于自我实现。鲶鱼型人才是企业管理必需的，鲶鱼型人才是出于获得生存空间的需要，而并非是做好事。对于鲶鱼型人才来说，自我实现始终是最根本的。

鲶鱼效应，对于沙丁鱼来说，在于忧患意识。沙丁鱼型员工忧患意识太差，追求稳定，但现实的生存状况不允许沙丁鱼有片刻的安宁，沙丁鱼不想被淘汰就应该活动起来，就应该让自己活跃起来，积极寻找新的出路。

以上四个方面都是探讨鲶鱼效应必须考虑的，然而本书的重点放在渔夫和鲶鱼身上。其原因很简单，鲶鱼效应的根本是管理问题，而鲶鱼效应的关键在于鲶鱼型人才。

领导者如何对鲶鱼型人才和组织进行管理是必须探讨的，由于鲶鱼型人才的特殊性，领导者不可能用原有的方式来管理鲶鱼型人才，已有的管理方式可能有相当部分已经过时。因此鲶鱼效应对领导者提出了新的要求，不仅要求领导者要懂得管理的常识，而且还要求领导者在自身素质和修养方面有一番作为，这样才能够让鲶鱼型人才心服口服，这样才能够保证组织目标得以实现。总而言之，利用鲶鱼效应，管理好鲶鱼型人才，让正确的人做正确的事情，是领导者带领团队面对新时代的变化，积极创新应对危机和挑战最重要的一步。也是领导者领导力提升最关键的一步。

本书不仅是一本专门的管理书籍，也是一本激励读物，更是为人处世的一种指导著作，希望本书对希望提升自己领导能力和水平的读者能起到一种指导性的作用。

目录

第1章 鲶鱼、沙丁鱼和渔夫　　001

鲶鱼、沙丁鱼和渔夫的故事是一个矛盾，是一种制衡，而正是这种矛盾和制衡保证了目标的实现。

渔夫的秘密　　002
鲶鱼的命运　　004
鲶鱼：到来绝非善意　　006
沙丁鱼：为什么我不欢迎　　007
渔夫：为什么必须引进鲶鱼　　009
狼群效应　　011
末位淘汰制　　012
鲶鱼效应　　014

第2章 创新，才能在变中求得生存　　015

在激烈的市场竞争中，企业应该不断地创新，这样才能求得生存。流水不腐，户枢不蠹，只要在运动中，企业就有生存下去的能力。

供不应求的年代　　016
所谓铁饭碗　　017
最宝贵的财富：不甘心　　018
学习改变命运　　020
不要害怕失败　　021

在岗位上实现理想	023
变革的阻力来自何方	025
优秀的文化决定了走向	026

目录

第3章　应该有的竞争和危机意识　029

企业应该有竞争和危机意识，因此引进鲶鱼型人才是必需的；鲶鱼型人才同样也应该有竞争和危机意识，这样能够激励自己更加努力地工作。而最应该具有竞争和危机意识的是那些适应了安逸生活的员工，也就是本书第一章提及的沙丁鱼们。

培养竞争意识	030
在心理上不惧怕冒险	032
敢于竞争的魄力	034
在竞争中更上一层楼	036
不断挑起竞争的欲望	038
必须具备的危机意识	040
危机既是危险，更是机遇	045
不变才是最危险的	047
危机管理	049

第4章　有知识，管理才能有力度　053

随着互联网时代的到来，企业获取竞争优势的主要途径将是知识，而不是传统意义上的金融资本或者自然资源。企业的知识将成为和人力、资金等并列的资源，并且成为企业最重要的资源。对于企业来说，知识显得尤为重要。如何利用所拥有的知识和以多快的速度获取新知识就成为企业管理和运行的关键。要想在组织中管理鲶鱼型人才，领导者就必须具备一定的知识水平。

知识结构上的要求	054
必须知道的管理理论	058
和鲶鱼型人才有直接关系的理论	064
培养领导者的知识素质	068

掌握逆向思维的能力	070
永远不要自满	072
不断补充自己的知识	074
专心致志始终优秀的品质	075

第5章　魅力发挥着重要作用　　077

如果说传统的领导者主要依靠权力，那么现代的领导者则应该更多地依靠其内在的影响力。而领导者的影响力则更多地表现为领导者的超凡魅力。一个成功的领导者应该愿意而且能够更大范围地影响他人，能让更多的人服从和追随自己的行动，这样企业的经营才能有序地进行。鲶鱼型人才对企业的信心往往来自领导者正直、公正、信念、恒心、毅力、进取精神等等优秀的人格品质。

培养魅力需要立即就做	078
值得关注的外表形象	081
处理事务要公私分明	084
记住点滴才能成大事	087
注意使用非权力影响力	090
从品格着手增强魅力	095
从知识着手增加魅力	098
好的口才造就魅力	100

第6章　领导者的个性也很重要　　105

思路决定出路，性格决定命运。不同个性的领导者在对鲶鱼型人才进行管理时往往会产生不同的结果。因此，作为组织的领导者，在进行企业管理时，一定要注意自己性格特征，同时还要不断地优化性格，使之符合管理鲶鱼型人才和企业发展的需要。此外，对于鲶鱼型人才来说，领导者更是统帅，领导者很多时候都成为了精神领袖，因此一个领导者在管理中必须具有统帅气度。而统帅气度的培养必须从管理风格着手。

性格决定命运	106
管理就不要畏惧	109

目录

学会倾听别人的每一句话	114
培养鲶鱼型人才良好的性格	116
善于经常性的表扬	119
纵容下属必自食其果	121
切忌过分关怀	124
善于管理独行侠似的鲶鱼型人才	126
培养管理鲶鱼型人才所需要的性格	128
管理风格的培养	131
领导者的艺术	134
重视战略	138
英明决断	141
正确处理矛盾	146

第7章 鲶鱼型人才的冲突和忠诚问题　149

鲶鱼型人才在组织中和其他成员发生冲突是在所难免的事情，毕竟领导者引入鲶鱼型人才是希望打破一潭死水的局面，给组织以新鲜气息和活力。

处理冲突的基本原则	150
处理冲突的技巧	153
面对顶撞、失误和失礼	157
抓住关键，才能举一反三	161
坏脾气对领导者来说绝对弊大于利	163
要给下属犯错误的机会	165
不要鼓励告密的风气	167
充分信任，展现人格魅力	169
忠诚是一种境界，也是一种荣耀	172
学会无条件服从	177
做好自己分内的事情	180
要立即着手行动，不要拖延	183

第8章　对鲶鱼型人才的培养和领导　187

鲶鱼型人才并不是生下来就有的，而是后天培养出来的。在组织中，领导者可以培养出自己的鲶鱼型人才来。即使是引进的鲶鱼型人才，也需要通过不断培养来引导他适应组织，以发挥最大作用。

伯乐和千里马	188
要综合考察人才，但不应求全责备	190
培养人才是有成本的	192
岗位培养和精神培养相结合	194
了解鲶鱼型人才的需求层次	196
创造好的发展平台	199
让人才产生归属感	202
给员工自己一点成长的空间	205
给员工提供个人事业空间	207
约束鲶鱼型人才过度行为	209
把单位交给员工	212
坚持人尽其才的主张	214
适时扩大下属的职责	216
敢于大胆地放权任人	219

第9章　正确管理鲶鱼型人才的再思考　221

任何组织引进人才都是有度的，不仅是人才总量上有限制，而且不同人才也应该有一定的限制。鲶鱼型人才能够保持组织的活力，保证组织成员都紧张和快节奏起来，对组织发展有极大的好处。但这种人才的引进也应该有度，如果组织中尽是一些这样的人才，那么对组织发展同样是不利的。因为这些人才不仅会极大地破坏组织的固有文化，而且还会互相残杀。因此，如何让他们的个人英雄主义情怀有利企业的发展，又要避免他们之间的相互残杀对企业的破坏，是领导者应该深入思考的问题。

个人英雄主义	222
应该树立的竞争意识	225
团队合作精神不可缺少	227

目录

鲶鱼的致命伤　　　　　　　　　　　　231
将嫉妒心理转化为竞争意识　　　　　　234
如何避免鲶鱼的互相残杀　　　　　　　237

第10章　引导鲶鱼型人才做到最好　　243

鲶鱼型人才学会自我激励是必需的，在当今的社会中生存，无论是从社会现实来讲，还是从成功基础来讲，都需要鲶鱼型人才学会自我激励，激发自己的潜能。

要做就做最好的那个　　　　　　　　　244
藏污纳垢有时候是必需的　　　　　　　247
做杰出必须具备的素质　　　　　　　　250
牢牢盯紧目标和果断行动　　　　　　　254
懂得放弃的人才会成功　　　　　　　　258
不要思考太多　　　　　　　　　　　　262
注意自己的生存之本　　　　　　　　　265
自信和他信　　　　　　　　　　　　　269
相信别人　　　　　　　　　　　　　　273

第1章　鲶鱼、沙丁鱼和渔夫

　　鲶鱼、沙丁鱼和渔夫的故事是一个矛盾，是一种制衡，而正是这种矛盾和制衡保证了目标的实现。

渔夫的秘密

在挪威，很多的渔民远航去海上捕鱼，靠渔业为生。有一种鱼叫沙丁鱼，沙丁鱼死了以后就不值钱，如果是活的就能够卖到好价钱。但由于沙丁鱼生性不爱动，所以往往在没有到岸的时候就冻死了，为此渔民很是苦恼。很多的渔民都在想办法让沙丁鱼活着带回家，想了很多办法，却没有一个办法能够确保沙丁鱼活着。于是渔民们开始习惯了低价卖死沙丁鱼的生活。

然而和这些渔民形成对比的是，有一条船的渔夫始终能够卖出活的沙丁鱼。他每次都获利颇丰，这种状况让其他渔民很是不解。有人认为是这个渔民没有跑到更远的海域去捕鱼，结果发现这个渔夫和自己一样在远海捕鱼回来。有人认为渔夫用木炭去暖了船身，但有常识的人都知道，用木炭的代价还远远大于沙丁鱼的能带来的利益。况且都是木质船身，如果用木炭来烧火取暖的话，很容易将船烧着的。

渔民们对这个渔夫所采用的方法议论纷纷，但是没有一个渔民舍得撕下脸皮去向渔夫请教，因为在他们看来，如果他们有这样好的办法保持鱼的新鲜，他们也绝对不会告诉任何人。

这样的状况维持了很久，那个渔夫始终能够取得十分高的收益，而渔民们只能低价卖死沙丁鱼。过了很久，那个渔夫去世了。这个时候渔民们都迫不及待地去打开渔夫的船舱，发现船舱里空荡荡的，只有一条硕大的鲶鱼在里面活蹦乱跳着。

渔民中的聪明者立刻明白了渔夫能保持沙丁鱼活着的诀窍，于是纷纷效仿起来。最后挪威的渔民都能将活的沙丁鱼带回岸上，当然也有小部分沙丁鱼死在了归途中。

鲶鱼的命运

鲶鱼究竟在渔夫的船舱中扮演着什么角色，它的最终命运又如何？

在渔夫的船舱中，有着刚打起来的活沙丁鱼，这些活沙丁鱼被捞上岸丢进船舱以后，开始对环境还不大适应，有一些躁动。然而很快沙丁鱼就适应了环境，因为它的性格属于安静的那种，有点逆来顺受的意思。这些沙丁鱼在短短的时间内就规定了各自在船舱内活动的空间，然后就在自己的活动空间内静静地待着，一刻也不想动。天气很冷，水面很快就凝结了一层薄薄的冰。沙丁鱼虽然觉得冷，但是仍然不想动。似乎在他们的意识中，有着这样一个玩笑常识：你以为我一动，天气就不冷了吗？

沙丁鱼觉得冷得难受，但仍然还想维持现状，它不愿意再动，如果冻死了，也就这样吧！就在这个时候，一条大鲶鱼被扔进了船舱。大鲶鱼看到船舱里满满的都是沙丁鱼，自己连一点生存的空间都没有，于是就四处乱窜，希望能够争取更大的生存空间。沙丁鱼被鲶鱼的这种行为弄得有点烦，但是对这个大家伙有点无可奈何，于是只能一而再，再而三地忍让着，它游过来了，自己就让让闪闪。大鲶鱼很是得意，于是游得更欢，很快船舱里的格局被打乱了，沙丁鱼得不到一丝的安宁。在这个时候生存的本性促使沙丁鱼到处活动，以希望找到一个安静的地方好好待着。然而整个船舱没有一个地方安静。这样折腾了很久，沙丁鱼拼命地寻找着一个能安身立命，稳定的地方。终于，船舱打开了，沙丁鱼被捞了上来，很多沙丁鱼都庆幸自己居然活着到了岸，因为他们的族类基本上都死在了归途中。当然还是有少量的沙丁鱼被折腾死，但这也是没有办法的事情，因为它们的身体素质本来就很差。

在这个时候只有鲶鱼孤苦伶仃地留在船舱里，它还是那么活跃，因为这是它的本性。它也期待着下一次工作的到来，它确实喜欢这份工作。

鲶鱼：到来绝非善意

有人问鲶鱼为什么要这么折腾，鲶鱼说它的本性就是这样。别人又问为什么本性会是这样，鲶鱼回答说这个问题它还真不知道，本性的东西很难说出个头头道道来，如果能说出，那就不叫本性了。别人又问：你来这是为了帮渔夫的忙吗？鲶鱼说不是，它来这是为了寻找生存空间，至于帮渔夫的忙则根本没有想过，也没有想过可以促使这些沙丁鱼活动起来，避免被冻死。

鲶鱼进入船舱绝非善意，它生性好动是改变不了的事实。但是正是这种好动的生性促使了沙丁鱼们为了争夺生存空间而拼命起来。而正是这种拼命保证了沙丁鱼处在不断的运动中，最后能够平安到达岸上。

鲶鱼有自己的生存目的和生存方式，它没有必要为了保证沙丁鱼的生存空间而自我牺牲，它没有必要做老好人，没有必要委屈自己来成全大家。最后的结果是鲶鱼主观为自己，但客观上却帮助了沙丁鱼，保证了沙丁鱼的活力。

鲶鱼说没有必要对它有太多的表扬，它的出现只是因为它被需要着，它也没有想过要来当什么好人，它好动的本性客观上挽救了整个船舱的沙丁鱼，这只是客观的结果，而不是它的主观愿望。它的主观愿望是将沙丁鱼所有的生存空间都据为己有，它和这些安静的沙丁鱼待在一起很不舒服。

沙丁鱼：为什么我不欢迎

沙丁鱼说："喜欢安静是我们的本性，我们被扔进了船舱，我们就等待着命运的安排。我们只要最初将各自的生存空间分割清楚，以后就不会作改变，因为任何改变都有违我们安静的天性。"

"至于鲶鱼，我们不知道它为什么会来，但是这个大家伙一进来的时候确实让我们大吃一惊，显然我们已经将所有的生存空间都分割殆尽，没有给它留下任何一点空间。我们根本就没有考虑到它会来，我们只是考虑到自己还可以安稳地过下去，那么就这样安静地过下去吧！其他的我们也不想考虑。至于长远的打算，我们也不知道。听说我们的族类没有到岸就已经冻死了，我们有这个心理准备。我们的心理准备就是安静地等着这一天。"

"然而这个家伙到来以后为了争夺生存空间就四处流窜，希望我们能够腾出空间给它，我们当然是不愿意的。然而这个家伙不屈不挠，拼命地寻找空间。最后我们被它这种行为弄得很烦，于是商量以后给了它一个空间。本以为这样它可以安静地待着，然而没有想到的是，这个家伙得了这个空间后还是那么好动，仍然是四处乱窜。其实这个家伙自己心里也应该清楚，无论它如何乱窜，它所需要的空间都是固定大小，只比它身体大不了多少。它却当作不知道，还是那么热烈和好动，最后我们中的少部分身体较差的被它折腾死了，我们对它自然是恨之入骨，然而却无可奈何，因为它太庞大和富有进攻性了。如果它比我们小，我们一定群起杀了它。我们被折腾了很久，只等到船舱打开，我们惊奇地发现自己居然能活着到岸。再回头看看那条鲶鱼，它这个时候还是那么好动，还是四处流窜，但已经不那么可恶了。"

渔夫：为什么必须引进鲶鱼

"作为一个渔夫，我深深明白一个道理：活的沙丁鱼可以卖出好的价钱，一次卖出的价钱顶得上几次出海的收获。于是如何保证沙丁鱼的活着成了我思考的基点。沙丁鱼最大的弱点就在于生性安静，不喜欢动，然而天冷的时候，不喜欢动的沙丁鱼免不了被冻死。以往捕鱼中死在归途的沙丁鱼大多数就是被冻死的。我想了很多办法，想促使沙丁鱼动起来，或者使船舱的水暖起来，然而很遗憾的是，没有一个办法管用。直到我看到了一条大鲶鱼。"

"这个家伙的天性和沙丁鱼刚好相反，它生性好动，喜欢四处乱窜。我想也许它可以保证沙丁鱼动起来。于是我尝试着把大鲶鱼丢进船舱，第一回捕鱼归来居然发现有大多数沙丁鱼还活着，只有少数被折腾死了。这种现象让我大喜。于是在市场上我的鱼最受欢迎，因为它们是活的。其他的渔民都看着我，我知道他们想知道为什么我的沙丁鱼居然能够活着达到岸上，可他们谁都不愿意过来问。这样我也就不便说了。我不习惯做好人，我知道没有任何缘由和企图地做好人很容易受到别人的猜忌。"

"我选择的大鲶鱼一定要够大，一定要让沙丁鱼们活动起来，而且鲶鱼自己不会受到太大的伤害和攻击。即使受到伤害和攻击，我也会全力保护鲶鱼。我似乎陷入了一个矛盾，我的目标是沙丁鱼，而我却要全力保护鲶鱼。其实也并不矛盾，目标和手段常常是分离的，只要目标达到，手段是可以有多种选择的。因为鲶鱼能够保证沙丁鱼活着到岸，活的沙丁鱼自然就有了好价钱，因此对于大鲶鱼，我是十分感激的。"

"我知道沙丁鱼往往会对鲶鱼表示不理解，因为鲶鱼和它们并非族类，而且在本性上截然相反，但这种不理解并不是很大的问题，只要它们能活着到岸，目标就实现了，我也就放心了。"

狼群效应

看完鲶鱼、沙丁鱼和渔夫的故事，我突然想起在某地东西岸有着两批鹿，两批鹿的生存环境差不多，不同的是东岸还有着一个狼窝。

东岸的鹿每天早上起来总是告诫自己说今天一定要更加迅速地奔跑，昨天差点就被狼给赶上了。我不需要跑得最快，但我一定要比我的同伴跑得快，因为这样我才能求得生存。而东岸的狼每天早上起来也对自己说："我一定要跑得更快，昨天我就连跑得最慢的鹿都赶不上了，如果我不能跑过跑得最慢的鹿，我就只能饿死了。"

而西岸的鹿每天早上总是懒洋洋地起来，很悠闲地散着步，很漫不经心地吃着东西。过了不久，西岸的鹿数量大增，而东岸的鹿数量始终保持在一个稳定的水平。

很长时间以后，有个科学家发现，东岸和西岸的鹿虽然是同一批鹿，但在身体素质上已经产生了根本性的区别，东岸的鹿的身体素质远远强过西岸的鹿，而且其数量在稳步增长。与之形成鲜明对比的是，西岸的鹿身体素质极差，而且数量在逐渐下滑，因为无节制地吃东西让食物出现了紧张。

就在这个时候，一只在东岸再也无法跑过任何鹿的弱狼，聪明地泅到了西岸，很快这只弱狼就把西岸的鹿全部吃掉了。

末位淘汰制

大学讲堂上，一个老师给自己的学生讲起了狼群效应，然后问学生从中受到什么启发。有学生说：生于忧患，死于安乐，人在安乐的环境中待得太久，容易丧失斗志和能力，因此要学会不断地激励自己，不要贪图安乐。另有学生说：天敌的存在往往成全了自己的生存，竞争对手的存在往往成全了自己的发展，从这个角度讲，我们应该感谢竞争对手，虽然他们让我们过得不怎么舒服，可是他们让我们更加适应社会，更加适应环境，最后成为了十分有能力的人。老师说这些说法都在理，然而这个故事还有个道理在里面，那就是你不需要做得最好，但你一定要比一些人做得好，因为整个社会都遵从末位淘汰制。如果你不能做得比别人好，你就很难在社会中求得生存。

其实做得最好那只是个口号，很少有人做得最好，而且人们即使做得最好也只是在其中的一方面最优秀，在其他方面往往表现会比较差。人不应该拿最好来作为自己的目标，而应该拿更好来作为自己的目标。对于一个学习成绩比较差但很是上进的学生来说，如果立即拿考全班第一作为目标，显然是不切合实际的，而且失败后，容易让人产生挫折感。但是如果拿排名靠前的某一位同学作为目标，只要超过他，那么还是有可能成功的。一旦成功了，再拿排名更靠前的同学作为目标，这样不断地通过小成功来达到大成功，是很可能最后拿到第一的，也就是做得最好。所以人要拿做得更好作为目标，而不要拿做得最好作为目标。因为做得最好根本就不是目标，而是口号。

在社会中生存，整个社会都遵从着末位淘汰制，你可以不是最优秀的，但是你绝对不能做最差的，这种生存现实也能促使人不断地去奋斗。

鲶鱼效应

鲶鱼效应的最根本在于一种激励机制。人追求稳定，追求安逸是骨子里的东西，是天性，人有趋利避害的本性。然而生存的现实状况和激烈的竞争迫使人们不得不求变求新，寻求新的出路。

鲶鱼效应就是要通过引进一些生性好动，喜欢创新的人才来将整个组织的气氛给调动起来，将每个人的潜能给发挥出来。引进鲶鱼的目的不在于让鲶鱼求得生存，而在于让沙丁鱼获得生存的权利。至于在这个过程中淘汰的沙丁鱼，那些都因为身体素质太差，本来就应该属于淘汰之列。

引进鲶鱼最应该考虑的是鲶鱼和组织发展方向是否一致，因为鲶鱼的到来往往会揭开一场场改良，甚至会爆发革命，必然会引起反对，但要想不引起激烈的反对，就必须对鲶鱼和组织的发展方向做一番考察，如果发展方向不一致，这样的鲶鱼最好不要引进。

领导者还要通过一些措施来保证鲶鱼的生存，鲶鱼所起的作用是不容忽视的，它的存在很大程度上可以保证组织更长久的发展。而鲶鱼本身是不受别人喜爱的，尤其是喜欢稳定的人。因此领导者要对鲶鱼进行比较周详的考虑，不要将鲶鱼引进后，让其自生自灭。

当然鲶鱼也要明确自己的地位和作用，不要恃宠而骄，也不要恃才傲物。自己固然要做得最好，做得最优秀，但做人做事都不能太张扬，要学会低调，在适当的时候还要学会功成身退，而不要最后做成了沙丁鱼，喜静不喜动。

第2章　创新，才能在变中求得生存

在激烈的市场竞争中，企业应该不断地创新，这样才能求得生存。流水不腐，户枢不蠹，只要在运动中，企业就有生存下去的能力。

供不应求的年代

在中国，曾有那么一段时间，供应紧张，人们有消费能力，但是产品供应十分有限。在这个时候厂家只要生产就有利益，于是很多企业都拼命地组织生产。

然而这段时间并不长，很快在很多行业产品生产出现了饱和，甚至过剩。随着市场经济的发展，企业开始面临着十分严峻的生存形势。对于企业来说，供不应求的年代已经永远过去。

如果在一个生产的年代里，企业只要专注于生产就有利益可图，那么企业求稳定发展，员工求稳定生存，那也无可厚非。

但如今的市场环境发生了很大变化，企业并非生产做得好就有利可图，企业其他方面，如营销都成为制约企业发展的重要因素。如果企业还是抱着原有的生产观念，那么很难在现实中求得生存。如今的市场竞争不是生产战，而是淘汰战。企业如果不思进取，那么很容易被市场所淘汰。

对于企业来说，要想在当前的市场中生存，最根本的就是转变观念，改变原有的生产观念，积极创新，去寻求新的增长点。同时在企业内部要树立创新观念，要让企业的所有员工动起来，而不要等着领导者拿主意，想办法，也不要靠天吃饭。

对于企业来说，竞争的残酷要求企业必须创新，而创新的关键在于引进有创新意识的人才，鲶鱼型人才对于企业来说是必需的。他们的创新意识和作为会为企业带来新鲜血液，为企业的前途打下良好基础。

所谓铁饭碗

确实在过去一段很长的时间内,存在着铁饭碗,存在着人们认为可以寄托终生的职业。然而这段时间也并没有持续多久。

在现实生活中根本就不存在着铁饭碗,所有的铁饭碗只存在于人们的认识之中,而这种认识从根本上讲是错的。

曾经有很多纺织员工认为纺织工作是铁饭碗,毕竟中国有14亿人口,每一个人都要买衣服穿。如果把世界人口算在内,世界所有的人口都要衣服,自然纺织行业永远不会凋零,纺织工作自然是铁饭碗。

事实已经证明,纺织行业确实永远不会凋零,但纺织工作绝对不是铁饭碗。如今任何人手中捧的都不是铁饭碗,都是随时都可能被摔破的瓷饭碗,因此更要有上进心,要求得创新和自身安全。

很多员工就像沙丁鱼一样,认为自己只要首先占据一个好地方,以后一辈子都可以靠这个地方弄口饭吃,这种观念是不对的。随着渔夫将更多的沙丁鱼抛入船舱之中,自己的生存空间会越来越小,在这个时候如果还不求进取,就很难保证自己的生存空间。

永远都不要相信有什么一成不变的东西,任何事物都在变化之中,如果自己放弃了进取,那么就只有等命运的安排。既然自己都不争取什么,那么命运又能给自己安排什么样的好差事呢?

要把命运掌握在自己手中,而不要让别人掌握着,要自己能够控制命运,控制自己将来要走的路,而不要处处跟随着一个领路人不假思索地一直走下去,这样很可能走进一个深渊,就再也爬不起来了。

最宝贵的财富：不甘心

一个人最宝贵的财富就是不甘心。员工在工作中也要有着一种不甘心的精神。正是这种不甘心的精神促使员工不断地自我激励，不断地追求创新，最后获得成功。

自己甘心于现状吗？这个问题每一个人都必须经常问自己。如果没有问，建议大家现在就开始问一下，我的现状是什么？我以后究竟要成为一个什么样的人？

上天对每一个人都是公平的，每一天都给每一个人24小时。上天对每一个人又是不公平的，每一天每个人所生存的时间都不完全能够达到24小时。有的人从刚醒的那一刻就已经过完了一整天，有的人到睡下去的那一刻还在高效率地利用时间。

曾经有一个喜欢观察外面世界的人，他喜欢看芸芸众生。有次他特意从很远的地方坐车回家，在车上他望着窗外的人，他们十分忙碌、十分辛劳，偶尔遇到两个悠闲自得的人，也没有看出来他们有些许幸福。这些人过的生活不是他想过的，这些人对于他来说，都是他一辈子想回避的人，他不能和他们为伍，那样迟早他会甘于平庸下去的。说一句十分不客气的话，他不想像他们一样成为行尸走肉。

做一个人和一具行尸走肉的区别在于这个人是否甘心。不甘心的人会朝着理想一步步地前进，对于他们来说，每天一睁开眼睛就有目标，他们每天都朝着目标前进，因此日子也过得十分充实。而甘于现状的人每天都没有目标，他们只是过着惯性的日子，在习惯中过每一天，最后到老了一无所成。人最可怕的就是梦醒了却发现无路可走。他怕真的梦醒了无路可走。所以每天给自己定了目标，每天都按照目标来不断地纠正自己的行为，该做什么，不该做什么，目标会明白无误地告诉你。他不想像行尸走肉一样生活着，那样活着没有多少意思。最后他走了出去，到自己想去的地方去，取得了很大的成功。他永远珍视他那次很有收获的经历，把它作为最宝贵的财富。

学习改变命运

只有一个洞穴的老鼠很快被捉。

在一个漆黑的晚上，老鼠首领带领着小老鼠出外觅食，在一家人的厨房内，垃圾桶之中有很多剩余的饭菜，对于老鼠来说，就好像人类发现了宝藏。

正当一大群老鼠在垃圾桶及附近范围大吃一顿之际，突然传来了一阵令它们肝胆俱裂的声音，那就是一头大花猫的叫声。它们震惊之余，更各自四处逃命，但大花猫绝不留情，不断穷追不舍，终于有两只小老鼠走避不及，被大花猫捉到，正要向它们吞噬之际，突然传来一连串凶恶的狗吠声，令大花猫手足无措，狼狈逃命。

大花猫走后，老鼠首领便从垃圾桶后面走出来说："我早就对你们说，多学一种语言有利无害，这次我就因而救了你们一命。"

这虽然是个笑话，但是确实十分有哲理。人和人虽然是平等的，但人和人是有区别的，不同的人过着不同的生活，不同的人在面对困难的时候所能调度的资源是不同的。人和人的区别主要在于后天的学习，后天努力学习的人自然在困难的时候能够调度更多的资源，而后天疏于学习的人，在遇到困难的时候所能调度的资源是十分有限的。

如今的生存现实促使人们不能疏于学习，要不断激励自己勤奋学习，在学习中不断提高自己的能力，这样才能更适应现在变化日益激烈的社会。

不要害怕失败

做人不能害怕失败。有些人曾经迈出过脚，但一遭遇到失败就立即缩了回来，再也不敢尝试。

我们来看一个美国人的"败绩"：

21岁——生意失败；

22岁——角逐议员落选；

23岁——再度生意失败；

26岁——伴侣去世；

27岁——精神崩溃；

34岁——角逐联邦众议员落选；

36岁——角逐联邦众议员再度落选；

47岁——提名副总统落选；

49岁——角逐联邦众议员三度落选。

这个大失败者就是亚伯拉罕·林肯。无数次的失败，都没有让他泄气。他心存恢宏的希望，有强大的信心与敬业热忱，终于在52岁时登上了总统宝座。世界从来就有美丽和兴奋的存在，它本身就是如此令人神往，所以我们必须对她敏感，永远不要让自己感觉迟钝、嗅觉不灵，永远也不要让自己失去那份追求成功的热忱。

在人的一生中，做得最多和最好的成功人士，必定是不害怕失败的。即使两个人具有完全相同的才能，必定是最不怕失败的人取得更大的成就。不怕失败一方面是一种自发力量，同时又是帮助你集中全身力量去投身于某一事情的一种能源。许多人都或多或少有自卑感，常常低估了自己，对自己失去了信心，缺少热心。其实，每个人都应该相信自己的健康、精力与忍耐力，并具有重大的潜在力量，这种自信会给予你极大的帮助，热爱自己，就会帮助你自己成功。

在岗位上实现理想

人要在组织中求变求活,就必须在岗位上实现自己的理想。

每一个人都有自己的理想,每一个人在社会中都有一定的岗位。如果发现自己的岗位和实现自己的理想有很大的差距的时候,人应该怎么办呢?

这种差距在刚刚踏上工作岗位的大学毕业生中体现得最为明显。刚刚毕业的大学生怀着对未来的美好憧憬,走进社会,往往发现,现实工作岗位与理想差距很大,这个矛盾使得一些初出茅庐的大学毕业生失意沮丧。若处理不当,不仅会影响当前的工作,而且会给一生的发展带来负面影响。

在这种时刻,首先要分析理想中的岗位与现实发生矛盾的真正原因。

一般来说,刚刚踏上工作岗位,要找到一个工作内容与你所学的专业知识、兴趣爱好非常吻合的岗位是过于理想的。所谓的专业对口、兴趣吻合也是相对的,不应以一时的差距而心灰意冷,无精打采。在适应相当一段时间以后,你发现仍不能改变心境,你可以在适当的场合,以商量的口气向你的领导者提出:另一个岗位较适合你,其结果必须经领导者综合考虑后决定,并且原则上要尊重这个安排。

对于适应新的环境,每个人都应有一个积极的心理倾向,充分认识到适应环境的必要性,把它视为自己的需要。每一个人都把新的环境想象得过于美好。大学毕业生往往渴望成才,以改造社会为己任,但认识社会、适应环境，正是你成才立业的前提。自视清高，脱离社会，这种心态是不足取的，肯定会影响到你的工作和自我身心的调适。你不妨参加一些社交活动，交几个新朋友，从工作方面，可以学习他们的工作经验，少走弯路，互相帮助，从而建立良好的人际关系，同时增强尽快适应工作环境的自信心。

变革的阻力来自何方

组织中进行变革，进行创新，那么变革的阻力会从哪里来？

最根本的阻力会是既得利益集团的阻挠。很多既得利益集团都害怕变革，因为变革影响了他们的利益。但是组织如果不变革就无法继续生存下去，而要变革必然会影响到既得利益集团的利益。

要将组织从死水一潭的状态下解救出来最好的办法就是创造一个环境，鼓励创新的人脱颖而出。而这个环境的创造，必然会牺牲既得利益集团的一部分利益。以商鞅变法为例，既得利益集团的一个利益在于没有军功也可以取得爵位，然而要想使秦国的百姓都拼死打仗，就必然要破坏这个利益，要使得有军功才能取得爵位。这种对原有利益的剥夺而建立新环境的做法必然会导致既得利益集团的一致反对。

很多组织没有活力的根本原因在于机制出现的问题。要建立一种新的机制也必然需要将组织的原有利益进行重新分配。其实从长远来看，组织建立新的机制所获得的利益远远大于原有利益，既得利益集团也可以从中获得更大利益。然而很少有既得利益集团能够看得长远的，他们把任何变革和革命都看作异类，都一棍子打死。

而组织中的员工，即使没有获得利益，在死水一潭的组织中慢慢熬，也往往会倾向于稳定，会倾向于既得利益集团。原因很简单，因为他们对前途不能看透，他们不知道前途会是什么。他们与其承担变革的风险，不如追求一种比较稳定的生存状态，即使这种生存状态很糟糕。

优秀的文化决定了走向

企业需要培养一种鲶鱼文化，这种鲶鱼文化的本质是创新文化，是不满足于现状，立足于长远的文化。

鲶鱼文化的基本出发点是企业的长远发展。企业必须看得长远。当前的不适应是为了今后的更加适应。整个社会现实都在不断改变，如果企业不变，企业自然会落后。

鲶鱼文化中最基本的是机制。只有建立良好的机制才能够保证企业长久的生命力。企业不能总是依靠人治，而应该有一个能激励人的机制。员工在这样的机制中能够自觉地行动，而不需要过多的鞭策和约束。

鲶鱼文化中最重要的是对创新的保护。对创新思想和创新人才的保护必须被企业所重视。如果在企业中创新被视为另类，视为不合理，那么谁还有勇气和决心去创新？如果大家都不去追求创新，那么企业的前途又在哪里？

在鲶鱼文化中领导者扮演着十分重要的角色。领导者在鲶鱼文化中起着引导作用，这种引导更多地表现为一种授权和控制，而不是事必躬亲。

在鲶鱼文化中，鲶鱼型人才是关键，这种人才往往会成为众矢之的，因此需要得到特别的保护，这种人才的创新意识和改革观念都十分强烈，因此也必须对这种人才进行必要的约束。毕竟企业引进鲶鱼型人才的根本是为了组织的发展，而不是为了鲶鱼型人才的价值实现。

在鲶鱼文化中，沙丁鱼必然要出现自动的淘汰。对于那些已经没有求新求变意识的沙丁鱼进行淘汰是理所当然的，而那些能够在变革中求变的沙丁鱼自然是企业需要保护的。沙丁鱼出现部分淘汰是正常的，但如果沙丁鱼出现全面淘汰，那么企业领导者就应该考虑一下自己的做法是不是过激了，毕竟太激烈的革命不利于组织的发展。

第3章 应该有的竞争和危机意识

企业应该有竞争和危机意识,因此引进鲶鱼型人才是必需的;鲶鱼型人才同样也应该有竞争和危机意识,这样能够激励自己更加努力地工作。而最应该具有竞争和危机意识的是那些适应了安逸生活的员工,也就是本书第一章提及的沙丁鱼们。

培养竞争意识

现在的时代，是竞争的时代，在这个以几倍甚至几十倍的高速度发展的时代，昨日的百万富翁，今天就可能成为淘汰品甚至早上还流行的音乐，晚上就有可能已成为明日的黄花。这样的例子屡见不鲜，所以这个时代呼唤竞争的意识。对于企业领导者和鲇鱼型人才而言，这一点尤其重要，企业领导者和鲇鱼型人才应当努力去培养自己的竞争意识，勇敢地直面竞争。

第一，把竞争意识扎根于心灵深处

竞争意识其实是市场意识和人类发展的一种必然衍生物，要走向市场，要发展进步就必然有竞争。作为事业带头人的企业领导者和鲶鱼型人才，如果在心理上缺乏竞争的准备，对竞争的重要性和残酷性认识不足，就难以在突如其来和激烈的竞争中取得胜利。只有心中铭记竞争，心里明白竞争的意义，心底领悟竞争的激烈性，企业领导者和鲶鱼型人才才能立于不败之地。

宏基电脑公司 30 年前创业时的队伍仅有 7 人，如今成为全球第七大个人电脑公司，年营业额达到 1500 亿新台币。作为一个大型企业的总经理的施振荣，坚持以"挑战困难，突破瓶颈，创造价值"作为自己的座右铭。施振荣认为无论是人生、社会，乃至企业的生产线，突破瓶颈才能使企业达到最佳效益，而要突破瓶颈必须挑战困难，勇于竞争，在关键时刻敢于冒险，善于抓住机遇。在遭遇失败时要顽强，在遇到挫折时要心理稳定，沉得住气，同时讲究策略，这样才能最终走向成功。

施振荣的哲学正是一种挑战的哲学，一种竞争的哲学。我们的企业领导者和鲇鱼型人才实在需要培养这样的竞争意识。

第二，机遇意识要时刻驻足心底

竞争往往是对机遇的竞争，在时空上抓往先机，往往领先对手获得市场。机遇的竞争最需要的就是时刻在心底确立机遇意识，即使在事业兴旺时，企业领导者和鲶鱼型人才也不能丝毫放松对自己机遇意识的培养，否则很容易使单位或组织在市场竞争中落伍。

美国玻璃界的三巨头之一——美国克林登玻璃实业公司总经理是一位敢于也善于抓机遇的高手。1963年的一次公司高层领导者会议上，讨论彩色电视机用的显像管要不要研究开发并进行生产的问题，由于当时的竞争对手爱恩斯·尹利纳公司对此也犹豫不决，加上此项研究需要较高的技术研究费用，会上有一些董事不同意开发。主要理由是承担的风险过高。夏摩礼·赫顿·杰尼尔力排众议宣布："如果我们现在舍不得花钱，转眼之间我们便会落在人家后面了，我们必须立即拨款2000万美元研究开发彩色显像管"这笔巨资没有白费，彩色显像管后来成为克林登公司的主要创收项目，更重要的是，彩色显像管的生产丰富和完善了克林登公司的玻璃系列制品，增加了公司在市场上的竞争能力。在这里，是无时不忘机遇的心理素质使夏摩礼·赫顿·杰尼尔抓住了机遇，使企业获得了先机。

无疑，夏摩礼·赫顿·杰尼尔的机遇意识源于他的竞争意识和魄力，没有在竞争中求得优胜的心理准备和心理定向，他不会如此及时地抓住稍纵即逝的商业良机。正所谓机遇只垂青于勤奋而又有准备的人。

在心理上不惧怕冒险

风险机制是市场经济的基础机制，风险意识是市场经济的基本意识。在竞争激烈的市场经济条件下，任何一个经济主体都面临着盈利、亏损、破产的可能性，都必须承担相应的利益风险。正是风险以利益和财产增加的诱惑力与破产的压力作用于企业，从而督促企业领导者和鲶鱼型人才改善经营管理，更新技术。只有不惧怕竞争、敢于冒风险的企业领导者和鲶鱼型人才才能在市场经济大潮中获得生机，赢得生机。正如邓小平同志所说："看准了的，就大胆地试，大胆地闯。"要竞争、要发展，就必须有风险意识。我国当前诸多市场被外国商品抢占，很多是由于本国企业缺乏敢于冒险先期投入而造成。如无绳电话早在1980年就由邮电部上海第一研究所研制成功，但由于缺乏转化成果的科技投入，无绳电话只能"囚禁"在科研所里，不少企业怕投入巨资生产无绳电话亏本，而外国人则瞅准机会抢占了市场。这样的教训迫使我们重新认识冒险（有时冒险系数很小）和魄力在市场竞争中的价值。

日本最负盛名的实业家土光敏夫，曾经先后担任日本两大著名企业——石川岛播磨公司及东芝公司的总经理，成绩显著，被誉为"财界总理"。27年的总经理生涯和连续3任长达6年的日本经济团体联合会会长使得他在日本声名显赫，他的"挑战式经营管理法"也因曾使东芝重现活力而令人折服。1965年5月，土光敏夫担任面临困境的东芝公司总经理时，日本经济正处于萧条之中，他上任就职时的第一句话就是"要具有向总经理挑战的勇气"。"总经理办公室的门，随时对各位都是开着的……没有沉不了的船，没有不倒闭的企业，一切取决于人的努力，员工用3倍的努力，负责人则应用10倍的努力。"土光敏夫说到做到，以身作则，激起了东芝员工的挑战热情。每天清晨土光敏夫主持召开各部门负责人会议，会议室往往成为激烈的挑战与应战的战场。"文雅的东芝"和"绅士的东芝"在土光敏夫的手下成为"强有力的东芝"和"勇武的东芝"。一位日本著名的评论家大宅壮一这样说过："正当文弱的'秀才主义'的毒素向全身扩散，巨大的东芝处于危机之中时，土光来了东芝，提出了挑战式管理的方针。他对员工们的精神世界产生了强烈的震撼，从而使得沉睡中的东芝变得精神焕发起来。""东芝的悲剧"终于在土光敏夫手里结束了。

冒险，竞争，创新，魅力，一齐构成了土光敏夫挽救东芝的精神和心理素质。其中，敢于冒险，善于竞争，以迎接挑战作为主导思想是土光敏夫的创业灵魂。它使一个濒临倒闭的大企业起死回生，这样的业绩我们不能不敬佩。同样，土光敏夫的挑战式经营管理方式也为现时代的企业领导者和鲶鱼型人才提供了重大启示。

敢于竞争的魄力

在现代社会中，不竞争就会僵化，不进则退，机遇的丧失是更可怕的丧失。有成功人士总结自己的亲身体验说过"没有竞争就不可能形成一种紧张、激烈的状态，不利于激励精神、提高技能和效率"，同时，"生产缺少竞争，产品质量就会难以提高人才缺乏竞争，人才质量就势必降低"。所以竞争对企业领导者和鲶鱼型人才而言是一件好事，作为企业领导者和鲶鱼型人才不但要欢迎竞争，而且要敢于竞争，做竞争中的佼佼者。因为竞争是成功的必经之路，同对手的殊死搏斗有助于加强你的斗志，提高你的水平。竞争当然会带来压力，其实任何事情都不会一帆风顺的，这就要求你具有百折不挠的竞争精神，正视困难，正视竞争，不畏惧，不逃避，总之，不要想在竞争中轻易获胜。胜利，特别是轻而易举的胜利不会使你学到很多东西，当你回顾时，最令你印象深刻的往往是斗争中学到的东西，毕竟胜利是短暂的，而强大的竞争能力可以带给你持久的喜悦。企业领导者和鲶鱼型人才要敢于竞争，当然敢于竞争并不意味着盲目竞争、随意竞争和自不量力地竞争，真正的竞争是一种明智的符合实际情况的竞争，竞争一定要讲策略。

意大利菲亚特汽车公司是世界上十大汽车公司之一，但早在20世纪70年代初期，由于旧的管理框框的限制和僵硬的工作方式的禁锢，加上石油价格高涨，整个公司曾经陷入困境。是维托雷·吉德拉受命于危难之际，1979年担任了从菲亚特集团分离出去的汽车公司的总经理，马上开始了大胆的改革，使得菲亚特汽车公司很快摆脱了困境，汽车销售量一举跃居欧洲第一位，维托雷·吉德拉本人也成为欧洲汽车市场的霸主。维托雷·吉德拉的改革措施主要有：第一，大胆砍去了亏损的海外机构，使公司卸下了沉重的包袱。维托雷·吉德拉看到世界各地的分支机构亏损，而且影响资金周转，毫不犹豫地将在北美汽车股票的36%出售给西班牙的一家公司，同时将员员工数从15万减至10万人。第二，发展机器人，改革生产线，大胆摒弃旧的管理方式，改善劳资关系和生产方法。第三，大量采用新技术，利用计算机和机器人来设计和制造汽车，使汽车的部分性能得到了充分改进，更趋于科学、合理。第四，改革财务制度，将过去影响积极性的代销方法，改为经销人在售出汽车之前就要向工厂付款的做法，使经销人员增加了紧迫感。第五，改变零部件的供应体系，使下属厂家从1200家减少到800多家。

一个个沉重的包袱被维托雷·吉德拉义无反顾地甩掉了，一片片新的天地展现在维托雷·吉德拉的面前。在激烈的市场竞争中，凭着敢于竞争的魄力和善于竞争的智慧，维托雷·吉德拉成就了菲亚特集团，也成就了自己。这是竞争的魄力带来的成就，这更是竞争的魄力背后的策略带来的辉煌。

在竞争中更上一层楼

竞争对人能起到激励的作用。竞争能产生压力，压力又变为动力，在动力的推动下，竞争双方都提高了能力。

企业领导者和鲶鱼型人才要敢于进行健康有益、互相促进、互相提高的竞争。对于比自己才能高、领导者成绩突出的企业领导者和鲶鱼型人才，就要向他们学习，并要敢于超越他们对于和自己在一个起跑线上，能力相当的企业领导者和鲶鱼型人才，就要比谁的能力提高快，领导者成绩谁突出。这样有一个目标，就能够激励自己迅速地提高领导者才能。

自我否定，就是一种同自己的竞争。"今天的我，一定要胜过昨天的我。"这就是一种自我否定。比如，昨天的演说和今天的演说相比，今天是否有些长进？昨天找一个职工谈话，不到五分钟谈崩了，今天再找他谈话，能使他醒悟吗？去年能管好五百人的企业，今年能管好两千人的企业吗？……通过这种自我否定，也能激励自己迅速增长能力。

竞争和自我否定，向你指出了新目标、新的方向，提出了新的要求、新的希望，使你产生了新的压力、新的动力，迫使你去寻求和探索新方法、新的途径、新的手段，尝试运用新的思维方式、新的行为方式和新的工作方式去从事领导者工作。

竞争和自我否定，是一种特殊的学习和实践，也需要不断地总结成功经验，吸取失败的教训，使自己的领导者能力得到不断的提高，努力防止领导者能力在原来的水平上徘徊，甚至下降。

在领导者才能的锻炼与培养的过程中，需要克服以下几种影响领导者才能提高的因素。

一是忽视定向、有目的地培养领导者才能。在领导者才能的培养上，缺乏战略上的计划性和指向性，不能根据本人的德才素质和工作需要，有计划有目的地进行培养和锻炼。

二是重工作轻学习。有些领导者，重任在肩，事务缠身，忙得顾不上学习有些领导者忙于各种会议、应酬，迎来送往，也挤掉了学习时间。忽视学习，缺乏总结的"辛苦工作"，只能使自己永远成为一个原地踏步的"熟练工"。所以，我们一直强调无论工作怎样繁忙，都需要抽时间学习即为此理。

三是闭塞的环境里有些领导者干部甘当"小国之君"，整天忙于事务，既不愿意到先进地区走一走，看一看，也不重视进行大范围的接触和交流，更不愿意利用现代通讯手段，学习和借鉴国外先进领导者科学，甚至对现代管理科学、先进的经验呈嫉妒、排斥态度，总是认为"老办法好"，这样就影响了领导者才能的提高。

四是不良风气的影响。一小部分领导者干部不是从提高自己的才能、争创功绩方面去获取升迁的机会，而是热衷于以走后门、拉关系等不良行为来达到目的。这样的企业领导者和鲶鱼型人才的领导者才能无疑是提不高的。

不断挑起竞争的欲望

有一个暖气机制造厂，由于员工一直完不成定额指标，他们的经理非常着急，为此他几乎使用了所有的方法，如说尽了好话又鼓励又许愿甚至还采用了"完不成指标，开除你"的威胁手段，结果几乎毫无效果。最后只好向总经理查尔斯·史考勃做了如实汇报。结果，史考勃先生当天就走进了工厂。当时，日班马上就要结束，他问一位员工说"请问，你们这一班今天制造了几部暖气机了？""6部。"那位员工回答。史考勃没再说话，只是拿了一支粉笔在地板上写下一个大大的阿拉伯数字"6"，然后转身离开了车间。夜班员工接班时，看到了那个"6"字，便问是什么意思，那位准备交班的日班员工说"老总刚才来过了，他问我们制造了几部暖气机，我们说6部，他就把它写在了地板上。"第二天早上，史考勃又来到了工厂，他看到夜班员工已把"6"字擦掉，写上了一个大大的"7"字。日班员工接班时当然看到了那个很大的"7"字。于是他们决定要让夜班员工看看颜色，发奋抓紧干活。那晚他们下班时，地板上留下了一个颇具示威性的特大的"10"字。显然情况在逐渐地好起来。不久这个产量一直落后的工厂终于有了很大的起色。有什么秘诀呢？应记住史考勃先生的话"企业领导者和鲶鱼型人才要使工作圆满完成，就必须挑起竞争，激起人们超越他人的欲望。"

美国西雅图第一银行曾经遇到了许多麻烦，其中最主要的一个困难是整个银行上上下下士气极为低落。新任银行董事长迪克·库利就把大家分成了几个小组，并在各小组之间展开了引人注目的竞赛，记分标准只有一个为银行争取到存款额。这些小组成员来自银行各部门接待部门、管理信息部门、日常事务部门以及信贷部门等等。结果效果十分显著。90天内便吸收了5亿美元新存户存款，而且竞赛中的优胜都很少出自人们预料中的部门即信贷部门，其中成绩最大的是来自管理信息部门的小组。可见竞争在挖掘职工潜能中的作用是巨大的。

必须具备的危机意识

有一只野猪对着树干磨它的獠牙，一只狐狸见了，问它为什么不躺下来休息享乐，而且现在没看到猎人。野猪的回答是：等到猎人和猎狗出现时再来磨牙就来不及啦。我国有一句古话叫"生于忧患，死于安乐"。意思是说人必须要有忧患意识，有危机意识。

一名剑客前去拜访一位武林泰斗，请教他是如何练就非凡武艺的。泰斗拿出一把只有一尺来长的剑，说："多亏了它，才让我有了今天的成就。"剑客大为不解，问："别人的剑都是三尺三寸长的，而你的剑为什么只有一尺长呢？剑短一分，险增三分。拿着这么短的剑无疑是处于一种劣势？"泰斗说："正是因为在兵器上我处于劣势，所以我才会时时刻刻想到，如果与别人对阵，我会是多么的危险，所以我只有勤练剑招，以剑招之长补兵器之短，这样一来，我的剑招不断进步，劣势就转化成优势了。"这位剑客听后，按照武林泰斗的方法去练剑，后来也成了一位武林高手。

未来是不可预测的，而形势每天都在发生变化，因为这样，我们才必须有危机意识，在心理上及实际作为上有所准确，好应付突如其来的变化。试想，如果没有准备，怎么样才能应变，怎么样才能在危机面前不手足无措？具有危机意识，也许把问题解决，但是在大多情况下却可以把损害降低，为自己找到另一条出路。

一种想法，一种观念，一种意识往往决定了一个人的一生。一个企业领导者处在快速变化的世局中，如果墨守成规，一成不变，抱持着"以不变应万变"的苟安保守心态，其结果只能是被时代淘汰。因为领导者如果没有具备适应世界急剧变化的能力，将难以在竞争激烈的社会中生存。因此一个领导者必须具有危机意识，具体来说必须在两个方面落实这种意识：首先应落实在心理上，心理要随时有接受、应付突发状况的准备，这是心理健康的表现。心理有准备，遇到危机时就不会慌了手脚。其次要落实在生活和工作中。如果有意外的变化，我的日子将怎么过？要如何解决困难？万一失业了，怎么办？领导者应该多想几个万一，然后才能有动力预作准备。管理界流行这样一个故事："假如你把一只青蛙放在一锅冷水中，然后逐渐加温，这只青蛙最后必然难逃被烫死的命运。"21世纪的世界瞬息万变，风险遍地，危机四伏。

在市场经济条件下，每一个人能够自由选择职业、岗位的同时，也会有失业或对职业不满意的职业危机。职业危机可能因人、时间、环境而异，但主要会在四个时段产生。

一是定位危机。人们在面对眼花缭乱的选择时，很有可能会迷失方向。他们往往自视甚高，对工作单位、岗位职务、福利薪酬会有过高的要求。结果容易产生不满意。

二是升职危机。只有少数的人可能会如愿升职高就外，大多数可能并不能万事如意。如果不能正确处理这个危机，就可能会用不正确的方法和方式来发泄自己的不满和失意。

三是方向危机。很多人到了一定年龄，往往会为方向不明而感到困惑，于是便产生了各种改行的想法。

四是饭碗危机。市场经济并不会给老年人职业生涯以特别的恩惠。很多人在年老的时候最担心的是自己的饭碗。领导者在这一阶段千万不要有得过且过混日子的思想，应当老当益壮，保持不断进取的精神状态。

企业领导者和鲶鱼型人才要做到具有危机意识，就不能够习惯于日常的生活。动物学家曾做过一个实验，把一群跳蚤放在置有食物的玻璃杯中，再用玻璃盖住。开始，发现每只跳蚤都不停地奋力往上跳，每一跳都会撞到玻璃盖。一个小时以后，跳蚤依然在跳。但是撞痛几次以后，跳蚤发现轻一点跳，就不会撞到盖子，所以一般只跳一半的高度。三天后，动物学家把玻璃盖拿掉，观察跳蚤的行为，发现每只跳蚤仍然往上跳，但是没有一只跳蚤会跳到杯外来，因为它们已经习惯了轻轻地跳。很多人像实验中跳蚤一样，每天朝九晚五地上下班，早上跳上去、晚上跳下来，每天过着同样一成不变的生活。虽然他们对自己的工作感到单调乏味，却没有试图改变过他们的境地，这样就逐渐使自己的士气消沉，失去一股奋斗的志气。而每天所从事的工作就是等下班，每月从事的工作就是等薪水，每年从事的工作就是等退休。这样的人已经没有工作的热情，更不谈有危机意识。一旦经济不景气发生，企业要裁员减薪或者调整职务，这样的人会很难适应，甚至连生存的可能性都很小。人要想具有危机意识，首先就不应该过于适应安乐的生活，玻璃盖并不存在，并没有任何人可以拦阻他改变生活和限制他的生活自由。

有些人胸无大志，只想安稳过日子，平凡地过一生，每天过着朝九晚五的上班族生活。也许这种生活差强人意，可也过得去，但正是因为这种平凡的想法夺去了他们的理想，让他一生像跳蚤一样，只能在玻璃杯中过一生。更为残酷的是，很多人因为没有任何危机意识，没有任何远大的理想和抱负，最后使得自己处于被动的地位。如今裁员已经成风，试想哪个公司会留下一个工作消极，不求上进的人。企业一切以业绩为标准的，无论领导者还是鲶鱼型人才，工作压力都巨大。即使在工作岗位上兢兢业业，全力以赴，也不能保证他能够一帆风顺，平步青云。从现在开始，再也没有一票到底的职场车票。失业是一股无法阻挡的时代洪流，每一个人都要有如此认知与心理准备，以适应大时代变局的来到。对于一个上班族的员工来说，舞台是老板给的，老板也可以随时将舞台抽走。试想一位失去战场的将军，不能再指挥部队勇敢杀敌，又凭什么来谈论兵家韬略，奋勇当先呢？一旦人生舞台不在，生活失去依靠，又有什么理想和抱负可言呢？

因此，人不能没有危机意识。一个人最大的危机就是没有危机意识。有危机意识的人才能做到有备无患。"最黑暗的时代，也是最光明的时代；最坏的时代，也是最好的时代。"危机意识是一种财富。"居安思危，未雨绸缪"，是一种超前的忧患意识，即危机意识。人的意识一旦超前就具备了比他人更大的优势，也就成为其获取更大财富的根本能力。

1984年，海尔集团张瑞敏当着海尔的全体员工将76台带有轻微质量问题的电冰箱当众砸毁，使员工产生了一种危机感和责任感，由此创造出了一套独具特色的海尔质量和服务模式。海尔将自身的生存理念定义为："永远战战兢兢，永远如履薄冰"，就是为了培养员工一种强烈的忧患意识和危机意识。一个真正具备危机意识的领导者，不仅能给企业带来好的信誉、质量和服务，而且能使企业员工团结一心，增强企业的凝聚力和竞争能力。

　　一个企业如果在生产经营红火时而缺乏忧患意识，在顺境时无身陷险境的准备，那就意味着困难和潜在危机即将出现。对于企业领导者来说，只有时刻保持强烈的忧患意识，才能具有自强不息的精神和独立生存的能力，才能在日趋激烈的市场竞争中发展壮大自己。领导者应该在企业内部应该向员工灌输危机意识。只有灌输了危机意识，才能够减少危机形成的概率，避免危机的真正出现。同时也能使员工感到危急时刻在身边，并威胁着他和企业的生存与发展，从而促使员工更加扎扎实实地工作，这样就有利于企业领导者捕捉并抓住机遇，制定切实可行的发展战略。

危机既是危险，更是机遇

很多时候危机并非是危险那么简单，更多的时候它代表着一种机遇，关键是看人们怎么看待它。

1988年4月27日，美国的一架波音737客机从檀香山起飞，不久飞机内就发生了剧烈的爆炸，值得庆幸的是飞机最终安全降落。事故发生后，波音公司领导者迅速调查事实真相，原来这架飞机已经飞行了20年之久，起落已达9万余次，大大超过了保险系数，事故的原因是因为飞机陈旧，金属疲劳所致。于是波音公司领导者通过新闻渠道大加宣传解释，这样是为了说明如此陈旧的飞机，居然能安全降落，恰恰是说明了波音飞机的质量可靠，并强调该公司现在已经解决了金属疲劳的技术难题。波音公司及时而有效的宣传活动，使得公司信誉有增无减，事故发生后，波音公司的订单不仅没有减少，反而有所增加，1998年5月的订货量比第一季度增加了近1倍。

每一次危机既可能是失败的根源，又孕育着成功的种子。每一次危机既包含导致失败的根源，又孕育着成功的种子。发现、拯救、培育，以便收获这个潜在成功的机会，便是危机管理的精髓；而习惯于错误地估计形势，令事态进一步恶化，则是不良危机管理的典型特征。对于领导者来说，危机既是危险，同样也是机遇。

危机的发生时常带有一定的突发性。如果企业不预先制定完善的危机防范策略，并在危机的最初阶段对其态势加以控制的话，危机造成的连锁反应将是一个加速发展的过程——从初始的经济损失，直至苦心经营的企业形象毁于一旦。但是如果企业以危机为契机，抓住危机并从中找寻生机，危机就会变为企业的一个转折点，并为企业建立富有竞争力的声誉，树立企业的形象和处理企业的重大问题创造了机会。这样无形中就应了中国的一句古话"塞翁失马，焉知非福"。因此企业越早认识到存在的威胁，越早采取适当的行动，越可能控制住问题的发展。

不变才是最危险的

世界上最大的风险是什么？是永远坐着不动。

组织中最大的风险是什么？是永远坐着不动。

永远坐着不动的人之所以不忠诚就是因为他们尸位素餐，人浮于事，导致组织工作效率低下，反应速度缓慢。这类永远坐着不动的人还会给别人造成工作勤勤恳恳的错觉，进而养成组织的惰性。

在一个促销会上，美国某公司的经理请与会者站起来，看看自己的座椅下有什么东西。结果每个人都在自己的座椅下发现了钱，最少的捡到5分硬币，最多的有人拿到100美元。这位经理说："这些钱都归你们了，但你们知道这是为什么吗？"没有人能猜出这是为什么。最后经理一字一顿地道出了原由。他说，我只不过想告诉你们一个最容易被大家忽视甚至忘掉的道理：坐着不动是永远赚不到钱的。

对于个人来说，坐着不动永远赚不到钱。对于组织来说，成员坐着不动就永远不能为组织谋求利益。

同时，还有另外一个故事：很多年前，有一个人从东欧来到美国，走进曼哈顿的一间餐馆，想找点东西吃。他坐在空无一物的餐桌旁，等着服务员拿餐牌来为他点菜。他等了很久，但一直没有人来。最后有一个女人端着满满的一盆食物过来，坐在了他的对面。那人问："怎么没有侍者？"那女人告诉他，这是一家自助餐馆。果然，他看见有许多食物陈列在台子上，排成长长的一行。"从一头开始，"女人说，"你挨个地拣你想吃的菜。等你拣完，到另一头他们会告诉你该付多少钱。"

那人很快就知道了，这就是在美国做事的法则。他后来对别人说，"在这里，人生就是一顿自助餐。只要你愿意付费，你想要什么都可以。"对于永远坐着不动的人，永远都不能获得成功。因此对于那些信誓旦旦表示忠诚的成员来说，要想获得成功就不能只是一味地等着别人将它拿给你，而必须自己站起来，自己去拿。

在组织中，有些人钟情于临渊羡鱼，却不愿意退而织网，有些人依靠惰性甘于清贫，却不愿用自己的双手去改变一下，还有人面对竞争激烈的社会，无所适从，放弃努力，就此消沉。其实这个社会，机会对每个人而言都是均等的，只要你愿意付出，哪怕就像动一动那把椅子一样，就能得到 1 至 100 美元，有时候成功只是举手之劳，但有人却连举手这样简单的努力都做不到，更谈不上要求他对组织忠诚了。

记得古时有一个人很懒，父母出远门时怕他饿死，就做了个大大的烧饼挂在他脖子上，结果等父母回来一看，这人还是饿死了，而脖子上挂的那烧饼只有吃掉嘴巴够得着的这一圈，他连动一动手把烧饼送到嘴巴里的努力都做不到，最后只能饿死。

试问，如果一个组织中充斥了这样的"懒汉"，组织又怎么有发展前途？试问这样的人发誓对组织忠心耿耿，谁又会相信？坐着不动，风险最大。这种风险不但是对个人的前途而言的，而且是对组织的发展而言的。

真正想做一些事情的人不会采取坐着不动的态度，因为这种态度不是个人需要的，更不是组织所需要的。

危机管理

在组织遭遇危机的时候，要学会危机管理。危机管理不仅是企业领导者必须擅长的，而且是鲶鱼型人才和沙丁鱼们必须知道的。

危机发生发展的过程可以分为四个时期。

第一个时期是酝酿期。即危机的孕育的时期。在这个阶段，危机虽然有些预兆和端倪，但是更多的是难以察觉，如果察觉的话，危机是可以扑灭的。危机的酝酿是一个长期的过程，在实践中，危机的爆发瞬间而已，但其隐患却可能在很长时期酿成。

第二个时期是危机爆发期。危机的产生时期。这个阶段的特征是危机已经浮出水面，细心敏锐的人肯定可以察觉，而忽视和迟钝则会视之无睹。在这个阶段危机已经暴露，可以逆转，也可以转化。

第三个时期是危机扩散蔓延期。危机发生后，通过媒介、人员和组织的传播，危机不断扩散。这个时期的特征是危机事态正在发展，本质原因还不明确。

第四个时期是危机的减弱消失期。通过事态的发展，事件的处理，原因的调查，事情有了结果，当事人各得其所，于是公众和媒介对危机的关注逐渐减弱和消失。

搞好危机管理必须坚持以下几项原则：

一是及时性原则，对突发性事件必须给予高度重视，及时调查了解情况，尽快制定对策，不要拖延。

二是公开性原则，通过新闻渠道及时报道事件真相及处理措施，以防"小道消息"混淆视听，要注意控制传播渠道。

三是专项管理原则，成立专门组织机构处理危机事件，人员构成包括企业高层领导者、法律专家、公关人员和发言人。

四是诚实性原则，企业要勇于承担责任，尊重对方的意见和要求，在情况尚未查清而公众反映又强烈时，要稳定公众情绪，以免矛盾激化、事态扩大。

危机管理包括事前管理和事后管理两部分工作内容。

进行事前的危机管理首先要求员工具有危机意识，就是要树立居安思危、未雨绸缪、防患于未然的思想。只有全体员工都具有高度的主人翁责任感和警惕性，从自身做起，从小事做起，努力维护本企业的形象，不满足于现状，积极进取，并留心观察潜伏的危机，才能将危机消灭于萌芽状态，搞好危机的预防工作。

比尔·盖茨说过，"微软离破产永远只差18个月"。他的目的是激发员工的危机感，不断地完善自我和超越自我。

进行事前的危机管理其次要对危机事件进行分析预测，根据企业产品与服务的性质和现状，分析可能发生的危机事件，制定相应对策。领导者可以进行危机事件处理的模拟演练，也可以回顾组织历史上曾发生过的危机事件，吸取教训，制订防范措施。

再次在日常工作中必须严格执行科学的管理制度。这样才能保证产品和服务的质量，维护公众利益，从而消除危机隐患。

最后是要组织建立危机预警系统，及时捕捉危机的前兆。如加强信息搜集和分析工作，及时掌握公众对企业的评价，了解外部环境变化，并做出相应调整；重视与顾客的信息沟通，积极妥善处理与顾客之间的纠纷；定期或不定期进行自我诊断，客观评价企业形象，找出薄弱环节，采取必要的补救措施等。

事后管理是企业在危机发生后，为减少损失和挽回形象而采取有效措施的过程。面对危机，任何人都不要惊慌失措，也不要企图掩盖事实，更不要消极坐等，听天由命。

事后管理的具体工作主要包括：

第一，成立处理危机的专门组织机构，迅速、准确地了解和把握事态发展的动向与趋势，制定周密的处理事故的基本方针及对策。

第二，对危机事件进行调查判断，查明事件的性质及状况、后果及影响、事件牵涉的公众对象范围，以便对整个危机的影响程度进行估计。

第三，及时向领导者机关汇报，向有关部门求援，以取得他们的支持和帮助。

第4章 有知识，管理才能有力度

随着互联网时代的到来，企业获取竞争优势的主要途径将是知识，而不是传统意义上的金融资本或者自然资源。企业的知识将成为和人力、资金等并列的资源，并且成为企业最重要的资源。对于企业来说，知识显得尤为重要。如何利用所拥有的知识和以多快的速度获取新知识就成为企业管理和运行的关键。要想在组织中管理鲶鱼型人才，领导者就必须具备一定的知识水平。

知识结构上的要求

知识管理是一个企业集体对知识的掌握，然后将所掌握的知识运用到企业的实践中去，以实现企业的最大产出的过程。领导者要对鲶鱼型人才进行管理就需要在以下几个方面多下功夫：

首先，必须拥有丰富的知识和完整的知识结构。作为现代的企业领导者，在变化日益加快的市场环境中，如果没有掌握丰富的知识，就等于没有应变能力，就必然会在经营中遭受挫折，甚至惨败。比尔·盖茨之所以能推动知识经济的到来，并且在知识经济时代中脱颖而出的首要前提就是他掌握了丰富的知识。微软从一个小企业最后走向软件帝国，盖茨所拥有的丰富知识在其中起着重要作用。此外，对于一个领导者来说，还必须有完整的知识结构，不但要掌握技术知识和专业的管理知识，对于领导者来说，还应该掌握比较多的社会知识和其他相关知识。毕竟企业是在人类社会中生存和发展的，社会中种种因素对企业的生存和发展都将起到促进或者阻碍作用。

其次，必须有学习知识的能力。领导者应该有能力从企业的外部和内部搜索对企业现在和未来发展有用的各种知识。学无止境，学习在知识开发和更新速度极为缓慢的古代是相当重要的，在知识开发和更新速度极为迅速的今天更显重要。没有任何一个领导者在进行管理的时候已经拥有的管理企业所需要的全部知识，众多成功的领导者在使企业的经营走上正轨的时候，最有可能做的一件事情就是抽出更多的时间来去学习。

最后，领导者必须有利用外界知识的能力。运用知识的人不一定是知识的拥有者，这是知识管理中一个重要的特点。刘备天文地理每一样都不如诸葛亮，但刘备有领导者的才能，有王者风范，结果使得诸葛亮为其鞠躬尽瘁，死而后已。企业的领导者进行知识管理还应该有利用外界知识的能力。既要学会利用企业内部的知识，同时也应该学会借助外脑。如何利用外界知识本身也就成为了一种知识。

综上所述，对于领导者来说，拥有知识是必需的，拥有完整的知识结构也是必需的。但同时也应该学习如何寻找知识和利用他人的知识来为自己服务。

对鲶鱼型人才的管理应该遵从知识管理的原则，领导者必须具备T型的知识结构。

一个领导者应该拥有的知识主要包括以下内容：

一是管理学科及其相关科学的知识。这是作为现代企业的领导者所必须掌握的基础知识，也可以称其为领导者的专业知识。试想，一个没有任何管理知识的领导者如何管理一个企业？他如果没有计划、组织、控制和领导者四个基本管理的概念，如何能够使他的日常工作有条不紊起来？他如果没有人的需求层次的概念，如何制定合理的激励机制，以激励鲶鱼型人才和其他员工为企业更好地服务。

二是社会生活、政治、文化、历史、礼仪、人际关系等社会知识。人是社会的动物，企业是社会的产物，如果一个人、一个领导者没有社会知识，就等于失去了在社会生存的基本能力。对于企业来说，与企业发展相关的因素实在是太多，不但一场政治事件有可能毁掉一个企业的前途，而且对某个政府人物的视而不见也可能毁掉企业的前途。

三是利用工具的知识。科技的发展带来了各种管理的工具，这些工具的运用能够大幅度地减轻日常管理的繁重程度。利用工具来进行管理是领导者必须具备的知识和能力，否则领导者极有可能只成为日常事务的执行者，而没有充分的时间来为企业的发展谋划。

领导者要真正成为"内行"的领导者，必须具备"领导者知识"，即企业领导者必须具备的知识素质的基本特征是"T"型知识结构，也就是通才型知识结构。"T"型是用字母"T"来形容，横是指知识的广博性，竖是指所拥有的专业知识：

（一）广博的知识。人的知识结构有专才和通才之分。专才是指掌握一两门技术专业的知识和技能的专门人才。通才是指除此以外，还掌握较为全面的其他学科知识。对于现代企业来说，掌握广博的知识是必需的，因为企业所面临的竞争日益加剧，不但来自同行，而且来自社会上的种种利益集团，甚至还来自上下游企业。通才型知识结构的特点是既有精、深的专业知识，又有宽广的知识面。正如某项调查所证明的一样："倒退20年，让你回到学校学习，你准备学什么？"众多的现代企业的领导者的回答是：什么都学一点。

（二）专业知识必须是以管理科学为主。这里所指的管理科学是指包括管理学、心理学、领导者学、社会学在内的大管理科学。这些管理科学的特点就是它们无法通过精确的定量和严格的因果关系来向人们展示。长期以来，崇尚数学的科学家们对管理科学不屑一顾，但事实证明，真正推动整个社会前进和企业发展的不是所谓的科学技术，而是适合企业的管理。管理理念的运用和更新换代使得科学发展有了良好的平台。

必须知道的管理理论

西方是现代企业管理的发源地，是现代企业管理理论最为先进和发展最为迅速的地方，领导者所拥有的专业知识必须以西方的企业管理知识为基础，然后再根据企业的实际情况，来形成适合企业发展的管理理论。

首先必须提及的是泰罗的科学管理理论。

费雷德里克·泰罗是美国古典管理学家，科学管理的创始人。他从一名学徒工开始，先后被提拔为车间管理员，技师，小组长，工长，维修工长，设计室主任和总工程师。他一生中不断在工厂实地进行试验，系统地研究和分析员工的操作方法和动作所花费的时间，渐渐形成科学管理体系。他的主要著作是《科学管理原理》和《科学管理》。在这两本书中，泰罗使人们普遍认识到了管理是一门建立在明确的法规、条文和原则之上的科学。

泰罗的科学管理的根本目的是谋求最高效率，而实现最高效率必须保证雇员和雇主都得到更多利益，也就是通常所说的把蛋糕做大，然后把蛋糕分好。为此，泰勒提出了一些基本的管理制度。

1. 对员工的劳动提出科学的操作方法，以此来提高工作效率。

他通过研究员工工作时动作的合理性，去掉多余的动作，改善必要动作，并规定出完成操作的标准时间，以此为依据制定劳动定额。

2. 对员工进行选择、培训和晋升。

将合适的员工安排在合适的岗位上，并培训员工掌握标准的操作方法，而且使员工在工作中成长，获得更多的报酬，不仅是物质上的，而且是地位上的。

3. 制定科学的工艺规程，使工具、机器、材料标准化，并对作业环境标准化，而且通过文件形式将标准固定下来。

4. 采取计件工资报酬制度。

以较高的工资率计件向完成和超额完成工作定额的员工支付工资，以较低的工资率向没有完成定额的员工支付工资。

5. 管理和劳动分离。

领导者和劳动者各有分工，在工作中密切合作，以保证整个工作按照标准的设计程序进行。

其次，需要提及的是法约尔的一般管理理论。

法约尔是古典组织理论的奠基人，1925年他的代表作《工业管理和一般管理》出版。在该书中，他提出了著名的管理14条原则和管理5要素。

法约尔认为管理原则是领导者从事管理活动的指导，一个企业能否正常运转，取决于它的领导者是否掌握了管理的基本原则。正如法约尔所说："没有原则，人们就处于黑暗和混乱之中；……原则是灯塔，它能使人辨明方向。"法约尔从自己长期的管理工作经验中总结了以下14条基本的管理原则：劳动分工、权利与责任、纪律、统一指挥、统一领导者、个人利益服从整体利益、人员的报酬、集中、等级系列、秩序、公平、人员的稳定、首创精神、团结精神。在他的众多管理原则中，我们不难归纳出两条重要原则：

1. 统一指挥。法约尔认为：在一项工作中，一个下属人员只应接受一个领导者的命令，这是一项永久适用的基本原则。双重指挥和多头指挥是企业中出现管理混乱的根源，它危害企业的权威和纪律，破坏秩序和稳定，使企业走向衰败。出现双重指挥和多头指挥的原因主要原因有以下四种：一是领导者为了争取时间或立即制止某项错误行为，而越级下达命令；二是同等地位的领导者没有明确的职权划分；三是两个部门的职责界限划分不清，都自以为是地向下属下达命令；四是部门职能本身出现重叠。

2. 等级制度。法约尔认为：等级制度是从最高权力机构直至低层管理人员的管理系列，按照等级制度建立起来的企业形式就是直线式组织形式。这种组织形式要求从最高权力机构发出的命令或向最高权力机构发出的报告都必须严格地经过等级制度的每一级来传递。当然，在某些特殊情况下，为了提高工作的效率，下级部门之间可以实现直接沟通，但其沟通的前提是必须得到双方领导者的同意。

法约尔将管理活动概括为计划、组织、指挥、协调和控制等五种基本职能。

首先是计划。法约尔认为：计划是探索未来，制定行动计划，它使得管理有了预见性。计划就是根据企业的具体情况，确定一定时期内所要达到的目标，以及为实现这个目标在行动上应当遵循的途径、手段和方法。一个好的计划应具备四个基本特征：统一性、连续性、灵活性、准确性。

其次是组织。法约尔认为组织是建立企业的物质和社会的双重结构，即一个企业应该拥有设备管理等方面的物质组织，同时也应该拥有机构和人员管理方面的社会组织。在企业的领导者，主要是研究社会组织。而社会的组织又分为内部和外部两种形式：外部形式是指如何建立组织结构。内部形式是指人员的选拔、配备、训练和考核。法约尔认为企业所使用的人员的质量直接影响到企业社会结构的组成与作用，所使用的人的能力的大小决定了企业本身的构成和规模。

再次是指挥。指挥是为了使企业的所有成员都能履行各自的职责，在各自的工作岗位上做出最好的成绩，从而使整个企业组织有效地运转起来，实现企业计划的经营目标。

然后是协调。协调是指连接、联合、调和所有的活动和力量。作为一个统一的整体的企业的生产经营活动要想保证目标的实现，就必须使企业的各项活动相互衔接，密切配合，做到和谐一致。

最后是控制。控制是指掌握工作的进展情况，检查是否与既定的计划、发布的指示、规定的原则等符合。控制的根本目的在于发现工作中的缺点和问题，并及时采取措施加以纠正，以确保既定目标的顺利实现。

法约尔认为：在管理5要素中，计划是所有管理活动的出发点，也是其他管理职能活动的依据；组织是管理职能赖以发挥的基础；指挥、协调和控制则是组织的各项活动正常进行的基本保证。所谓管理就是以计划为中心的各个管理职能交替发挥作用的循环往复的过程。从这点出发，法约尔的一般管理理论又被人称为管理过程理论。

此外，还需要提及的是韦伯的官僚组织结构理论。

马克思·韦伯是德国著名社会学家，他提出的"理想的"行政管理体制对古典组织理论做出了重大贡献，在西方管理学界他被誉为"组织理论之父"。韦伯的代表作是《社会和经济组织的理论》，在该书中他提出了"理想的"行政管理体制，即"官僚体制"的理论。

韦伯认为：官僚体制是一种严密的、合理的、形同机器那样的社会组织，它具有熟练的专业活动，明确的权责划分，严格执行的规章制度，以及金字塔式的等级服从关系等特征，因此官僚体制成为了一种管理技术系统。具体来说，官僚体制包括以下要素：

1. 建立明确的职能分工。对组织的活动进行专业化的职能分工，并以这种职能分工为依据确定管理职位，而且规定出各个职位的权利和责任范围。

2. 建立明确的等级制度。组织中的职位应该严格按照等级原则自上而下地排列，并共同服从于一个指挥决策中心，以此来形成一个严密的行政管理的等级系列。领导者对下级的决定和行动负责。同时，下级必须严格服从领导者的命令，并受领导者的控制和监督。

3. 建立有关职责和职权的法规和制度。把组织中各项业务的运行都纳入法规和制度之中，并且要求组织内的每个成员都必须接受统一的法规和制度的约束。

4. 业务的处理和传递均以书面文件为准。这是保证业务处理的准确性，避免随意性和模棱两可的基础。

5. 组织内的职位应该由接受过专门训练的专业人员担任，对他们的选拔和提升也应该以其技术能力为依据。

6. 一切职位的管理人员都是根据一定的标准聘用的。组织应该维护和保障管理人员的权益，同时也拥有随时解雇他们的权力。管理人员的工作有效性应该由领导者来评判。

7. 组织的每个成员应该恪尽职守，排除个人感情和私人关系的干扰。

和鲶鱼型人才有直接关系的理论

领导者必须知道一些和人才管理有直接关系的理论，这些理论的典型代表是梅奥的人际关系理论、麦格雷戈的 X 理论—Y 理论和赫茨伯格的双因素理论。

梅奥是美国行为科学家，美国艺术与科学院院士，人际关系理论的创始人。他进行了著名的霍桑试验，提出了人际关系理论。他的主要代表著作有《组织中的人》和《管理和士气》。

传统管理理论将员工假设为经济人，即员工的劳动主要是受到经济刺激。而梅奥的管理理论则认为员工的劳动不但受到经济刺激，而且受到工作中人际关系的影响，即人是社会人的因素日益突出，极大地影响了工作效率。梅奥的主要观点有：

1. 员工是"社会人"而不是"经济人"。梅奥认为，员工的行为并不单纯地为了追求金钱，而且更为重要的是追求社会方面和心理方面的需要，即追求友情、安全、归属和受人尊重等。因此，对于企业来说，不要单纯从技术和物质条件着手，而必须结合社会心理方面综合地对组织和管理进行考虑。

2. 企业中存在着非正式组织。梅奥认为企业中除了存在为实现企业目标而明确规定各成员相互关系和职责范围的正式组织之外，还存在着非正式组织。这种非正式组织的目的就在于维护成员的共同利益，以避免共同利益受到损失。在非正式组织中一般都有核心人物和领袖，有共同的价值标准、行为准则和道德规范为大家所遵循。领导者必须重视非正式组织的作用，注意在正式组织的效率逻辑与非正式组织的感情逻辑之间保持平衡，以实现企业经营管理的目标。

3. 新的领导者能力在于提高员工的满意度。在决定劳动生产率的诸多因素中，置于首位的因素是员工的满意度，而生产条件、工资报酬只是第二位的。员工的满意度越高，士气就越高，生产效率就越高。

麦格雷戈是美国著名的行为科学家，1935年，麦格雷戈取得哈佛大学哲学博士学位，随后留校任教。1948—1954年在安第奥克学院任院长。他在1957年11月号的美国《管理评论》杂志上发表了《企业的人性方面》一文，提出了著名的"X理论—Y理论"。

麦格雷戈认为，人的性质和人的行为的假设对于决定管理人员的工作方式是起基础作用的。领导者以其对人的性质的假设为依据，采用不同的方式来组织、控制和激励员工。从这种思想出发，他提出了著名的"X理论—Y理论"。

麦格雷戈把传统的管理观点叫作X理论，它的主要内容是：一、大多数人是懒惰的，他们尽可能地逃避工作；二、大多数人没有什么雄心壮志，也不喜欢负责任，于是选择让人领导者；三、大多数人的个人目标与组织目标是矛盾的；四、大多数人缺乏理智，不能克制自己，容易受到外界的影响；五、大多数人为了满足基本的生理需要和安全需要，会选择那些在经济上获利最大的事去做；六、人们大致分为两类，多数人符合上述假设，少数人能克制自己，正是这少数人应该负起管理的责任。

根据X理论的假设，管理人员的管理方式是：一、管理人员关心的只是如何提高劳动生产率，完成任务；二、管理人员主要使用职权，发号施令，促使对方服从，让员工适应组织的要求，而没有需要考虑情感和道义上给员工以尊重；三、必须强调严密的组织和制定具体的规范和工作制度，如工时定额、技术规程等；四、通过金钱报酬来收买员工的效率和服从。

这种管理方式是典型的胡萝卜加大棒的方法，一方面靠金钱的收买与刺激，一方面通过严密的控制、监督和惩罚迫使其为组织目标努力。

然而正如麦格雷戈所指出的一样，在员工的生活还不够丰裕的情况下，胡萝卜加大棒的管理方法是有效的；但是当员工达到了丰裕的生活水平时，这种管理方法就失效了。因此他又提出了 Y 理论，其主要内容是：一、一般人并非天性就不喜欢工作，工作中体力和脑力的消耗就像休息一样自然；二、外来的控制和惩罚并不是促使人们为实现企业的目标而努力的唯一方法，有时控制和惩罚甚至成为了一种阻碍。人们往往愿意自我管理和自我控制；三、人的自我实现的要求和组织要求的行为之间没有根本矛盾。只要给人提供适当的机会，就能将组织目标和个人目标统一起来；四、在适当条件下，一般人不仅学会接受职责，而且还学会谋求职责。五、大多数人在解决组织的困难时，都能发挥想象力和聪明才智。六、在如今工业生活的条件下，一般人的智慧潜能只是得到了部分发挥。

根据 Y 理论的假设，管理人员的管理方式是：一、领导者的任务是创造一个使人得以发挥才能的工作环境，发挥出员工的潜力，并使员工在实现组织目标的同时，达到自己的目标；二、让员工担当具有挑战性的工作，担负更多的责任，促使其有效地工作，满足其自我实现的需要；三、给予员工更多的自主权，让员工自我控制，并鼓励员工参与管理和决策和共同分享权力。

双因素理论又称激励—保健因素理论，它是由美国著名行为科学家弗雷德里克·赫茨伯格提出来的。赫茨伯格的主要著作有：《工作的激励因素》《工作与人性》《管理的选择：是更有效还是更有人性》。

赫茨伯格将使员工感到满意的工作本身或工作内容方面的因素称为激励因素，使员工感到不满的工作环境或工作关系方面的因素称为保健因素。赫茨伯格认为，通过满足各种需要所引起的激励深度和效果是不同的。虽然物质需要的满足是必要的，没有它往往导致不满，但是即使物质需要获得满足，它所起到的作用也是很有限的，而且无法持久。要真正调动员工的积极性，就必须在注重物质利益和工作条件等因素的满足的同时，还必须注意工作本身的安排和工作内容的调整，以此来调动员工的积极性。对于保健因素来说，它并不能让员工提高工作积极性，要真正提高员工的积极性只有通过激励因素来进行。

赫茨伯格的双因素理论同马斯洛的需要层次论有相当多的相似之处。双因素理论中的保健因素相当于马斯洛需要层次理论中的较低级的需要，如生理需要。而激励因素则相当于较高级的需要，如自我实现的需要。

培养领导者的知识素质

领导者的知识素质应该形成体系，这一体系主要包括以下三个方面的内容：一是领导者所拥有的"T"型知识结构；二是领导者所拥有的学习知识的能力；三是领导者所拥有的智囊团和外脑。

领导者必须通过以下几个方面的努力来形成自己的知识体系：

一是将自己已拥有的知识归类总结。归类总结的好处就在于能够找出知识的缺陷，然后通过学习或者实践来弥补缺陷。领导者必须自己拥有专业的知识和广阔的知识面，因为领导者往往是多面手，而不是某一个方面的专家，因此相当广泛的知识是领导者进行企业经营的基础。

二是不断地学习和充电。领导者需要通过不断学习来实现自己知识的储存，但是储存知识并不是学习的目的，学习的目的在于将学习到的知识运用于企业管理实践，以此来实现企业的经营目标。充电已经成为所有领导者的必需，因为知识更新的速度越来越快，领导者只有通过不断地学习才能赶上知识更新的步伐，避免被知识经济所淘汰。

三是有自己的智囊团和外脑。领导者应该有利用外脑的意识和能力。毕竟领导者所拥有的全部知识对于经营企业来说，还是不够的。经营企业不再是某个英雄人物通过自己知识和经验来创造奇迹的过程。如今的企业经营日益规范化和系统化，某个人的知识水平显然是很难胜任的。

对于领导者来说，所有管理的基础应该是基本的管理理论和原则，这是领导者必须首先把握的，也是知识素质的基础。只有在这样一个基础之上再来培养自己的"T"型知识结构，才有进行正常运转的可能。

在这里，我们仍然需要强调的一点是：知识的另一半是懂得到什么地方去寻找它，领导者如果没有能力掌握所有必需的知识，就应该充分地利用先进的科学技术来寻找知识，将知识运用到企业实践中，最后形成经营的习惯。同时领导者应该树立用人意识，要用真正有知识的人，这也是提高领导者知识素质的重要途径。领导者在管理鲶鱼型人才的过程中，要充分发挥鲶鱼型人才的潜能，用知识来管理他们。

掌握逆向思维的能力

领导者要实现对鲶鱼型人才的管理还应当学会面向世界，这个世界是一个动态、发展、变化的世界。人们所说的现代指的是现在的时代。这种现在的时代与瞬间即逝的"现在"不是一个概念，它是以现在为中心，考察过去和未来的世界，这种考察是动态的。领导者面对的世界首先是一个现代的世界，这是任何人都无法选择的，领导者又面临着一个不断走向现代化的世界。俗话说"流水不腐，户枢不蠹"，当今世界的节奏加快，科学技术和社会经济技术都以前所未有的速度向前发展，并日趋紧密结合。每一个组织、每一类组织都面临着日趋激烈的全球化竞争的挑战，面临着日新月异的世界新技术革命浪潮的冲击，处于不进则退的境地。

孙子云"凡战者，以正合，以奇胜"，这一点在企业类组织表现得更加明显，正如一位企业家所说的"别人未想到的你却意识到，别人未看到，你先看到，别人未当一回事，而你抓住不放，别人未起步，而你已理出头绪，不断创新，捷足先登，这就是一个领导者的高明之处"。

组织领导者要不断换脑筋，要敢于超越常规思维，形成独特思路。求异也就是求其反常、非常，创新也要求有反常、非常的起点，常与非常一般人只注意常，而思想家，科学家则注意非常。美国的库恩认为科学的起点开始于非常、反常。领导者要不断深化自己的思维观念，不固守原有的认识，不墨守陈规。求异并不是刻意地与别人找出歧义，而是站在与别人不同的角度上看同一个问题，莱布尼茨说过，世界上没有完全相同的两片树叶，人们对客观事物的认识本来就是相异的，而且处于不断的变化当中而不是停留在一个水平之上。

领导者要敢于批判那些先入为主的东西，人为引起观念与看法的改变。因为在同类观念中先入为主的思维，产生了立异图新的强大阻力，如果要想有创新思维，就必须努力排除这种障碍。对于符合组织发展的事物要坚决支持，而对于不利于组织发展的事物要毫不留情地取缔。

领导者所面向的现代化是一个动态的过程，是不断地由现在走向未来，现在是立足点，未来是着眼点，未来是过去的积累，是现实的延伸，是尚未展开的现实。把握未来，努力摆脱昨天，不管昨天是辉煌的还是苦恼的。把握未来，最主要的是把握未来的发展趋势，以明确的超前思维在激烈的竞争中敢于领先。

领导者的创新能力影响着他对鲶鱼型人才的管理能力，领导者要达到一种"会当凌绝顶，一览众山小"的境界，准确把握现在和未来，当然更重要的是未来。

永远不要自满

曾经有位领导者十分优秀，企业办得相当红火，有人向他取经。他说他所有的成功经验只在两个故事：

第一个故事是关于河伯的故事：秋天来到，天降大雨，无数细小的水流，汇入黄河。河伯以为天下的水都汇集到他这里来了，不由洋洋得意。他随着流水向东走去，一边走一边观赏水景。有一天，他来到北海，向东一望，不由大吃一惊，但见水天相连，根本就不知道哪里是水的尽头。河伯不仅慨叹道："我们最看不起那种道理懂得多一点的人，便以为自己比谁都强。没有想到，我居然就是这样的人。"

第二个故事是关于井底之蛙的故事：一口废井里住着一只青蛙。有一天，青蛙在井边碰上了一只从海里来的大龟。青蛙就对海龟夸口说："你看我住的地方多宽敞多舒服，想做什么就做什么。"那海龟听了青蛙的话，还真想进去看看。但它的左脚还没有整个伸进去，右脚就已经绊住了。它连忙后退了两步，向青蛙解释道："我住的地方叫大海。海的广大，哪止千里；海的深度，哪止千来丈。古时候，十年有九年大水，海里的水，一点都没有涨；后来，八年里有七年大旱，海里的水也没有减一点点，住在那样的大地方，才叫宽敞呢！"井蛙无话可说。

听者觉得没有任何新意，这位优秀的领导者告诉他说："管理企业本身就是没有多少新意的事情，所有的工作都是在维持一种秩序。但是有一点你必须牢牢记住，这就是你和你的员工任何时刻都不能自满，因为一旦你或者你的员工自满了，你的企业经营将难以为继。河伯的故事让我明白自己是多么渺小，井底之蛙的故事让我明白世界该有多大。有了这两个故事，我自然能够督促自己和员工一起努力，企业经营自然能够成功。"

不断补充自己的知识

历史上有过这么一个人：

他出身贫寒，却靠自学成为了当时最有学问的人。

他一生没有任何著作，可是他的思想却流传了下来，而且影响深远。

他一生过着艰苦的生活，对生活不太讲究，只是专心地做他的学问。

他倡导认识做人的道理，过有道德的生活，在伦理道德研究方面建树颇多。

他教学有方，从来不教给学生现成的答案，而是通过反问或者反驳的形式，不断地启发学生的思考。

他主张专家治国论，主张由训练有素、有知识有才干的人来治理国家。

他不畏强权，反对专制，坚决不违背自己的信仰。

他最后是被民主判决处死的，但不是因为他的思想太落后，太保守，而是因为他的思想太先进，对社会教化意义太大，民众无法理解。

最难能可贵的是：古希腊德尔斐神庙的女祭司传下神谕说，他是最有智慧的人，但他自始至终都认为自己一无所知。

这个人就是苏格拉底。他是世界上最有智慧的人，可是他始终认为自己是一无所知的。对于领导者来说，这个故事的教化意义很大。领导者不管已经拥有了多少知识和智慧都千万不要自满。经营企业和管理员工是动态的过程，这个过程要求领导者不断地补充自己的知识，不要自满于自己所知道的一鳞半爪。

专心致志始终优秀的品质

有一次，孔子前往楚国，路过一片树林，看到一个驼背老人，手里拿着一根长长的竹竿正在粘知了。老人的技术非常娴熟，只要是他想粘的知了，没有一个能逃脱的，就好像信手拈来一样轻而易举。

孔子惊奇地说："您的技术这么巧妙，大概有什么方法吧！"

驼背老人解释道："我的确是有方法的。夏季五六月粘知了的时候，如果能够在竹竿的顶上放两枚球而不让球掉下来，粘的时候知了就很少能够逃脱；如果放三枚不掉下来，十只知了就只能逃脱一只；如果放五枚不掉下来，粘知了就像用手拈东西那么容易了。你看我站在这里，就如木桩一样稳稳当当；我举起手臂，就跟枯树枝一样纹丝不动；尽管身边天地广阔无边，世间万物五光十色，而我的眼睛里只有知了的翅膀。外界的什么东西都不能分散我的注意力，都影响不了我对知了翅膀的关注，怎么会粘不到知了呢？"

孔子听了，回头对自己的弟子说："专心致志，本领就可以练到出神入化的地步。这就是驼背老人所说的道理。"

很多领导者在管理企业的时候最后都平庸了下去，主要原因在于他个人无法排除外界噪音的干扰，老是插手于一些琐碎的小事，而不能够集中精力对企业的经营作战略思考，最后只能沦为平庸的人。一个领导者只有排除外界的一切干扰，集中精力，勤学苦练，才能够真正掌握管理的诀窍。

在管理员工的时候，领导者必须坚持自己的原则，不能够为了一些琐碎的人情而改变自己的原则和立场。这些琐碎的人情就是领导者必须排除的外界干扰。同时领导者不要在一些小事情上过分责难自己的员工，小事情也是干扰，它让领导者不能专心致志地思考战略，为企业的发展出谋划策。

第5章　魅力发挥着重要作用

如果说传统的领导者主要依靠权力，那么现代的领导者则应该更多地依靠其内在的影响力。而领导者的影响力则更多地表现为领导者的超凡魅力。一个成功的领导者应该愿意而且能够更大范围地影响他人，能让更多的人服从和追随自己的行动，这样企业的经营才能有序地进行。鲶鱼型人才对企业的信心往往来自领导者正直、公正、信念、恒心、毅力、进取精神等等优秀的人格品质。

培养魅力需要立即就做

我们常常可以听到成功企业中员工的感受和心声："我觉得我的领导者不能没有我，因为他相当重视我，我愿意为他努力工作。""他好像是我的父母、兄长、益友和良师，他比别人更关怀、更爱我，而且他愿意负起百分之百的成败责任""我的领导者让我感到我很重要，他让我觉得在团体里有归属感。""他让我很明确知道我如何可以成功，他告诉我目标和航向，并说服我一起同舟共济。"

可以看得出，除非激发了一个人的工作动机，否则很难让人愿意追随你。成功的领导者不在于一位领导者的职位和权势，而是绝大部分取决他有没有具备迥异于人并足以吸引追随者尤其是鲶鱼型人才的魅力。这种魅力对于领导者是如此重要，以至于一旦失去了它，便会给下属产生离心作用，使人心涣散，工作混乱。

一位作者毫不留情地指出：百分之九十的领导者，将工作保障、高薪和福利好（这都是根据领导者职位的高低、权力的多寡可以控制的因素）视之为影响员工工作动机的最重要因素，是值得怀疑的。作者进一步指出，在员工的心目中，比上述更重要的因素还多得多，意指领导者本身要拥有令人信服的领导者魅力，才有办法让员工跟着你走。因此，我们更可以确信：人们会不会愿意跟随你，要看你是否有强大的魅力，而非权力。并且要务必牢牢记住：权力并不会自动点燃你的魅力，有权力并不意味着你有某种程度的魅力可以掌握人心。

领导者魅力是可以培养和增进的！因此不用过分担忧和怀疑自己有无足够的领导者魅力。一位心理学家也说过这么一句鼓舞人心的话："每一个人都有一方魅力的沃土，等待你去开垦。"如果你希望增强自己的领导者魅力，就努力去学习。

培养魅力从哪里入门呢？要注意哪些基本原则呢？

如果我们希望成为一位更具魅力的领导者，我们现在第一件要做的事情，就是赶紧培养发展一项吸引追随者的超凡特质——"跟我来"。要使追随者"跟我来"，你必须先懂得如何激发他们的追随动机。这里我们建议领导者确实做到下列四件事情，会使你具有激发你下属的追随动机的魅力。

首先要使别人感到他重要。每个人都希望受到重视，你要设法让下属感到本身很重要，并竭尽所能满足他们的这项要求。其次要推动你的远见、目标，并说服下属相信你的目标是值得全心投入的。再次，记住：想要别人怎样待你，你就必须这样对待别人。要想让别人追随你，你就要关心他们，公平对待他们，将他们的福利放在你的眼前。最后，对你自己的行为负责，也要为你下属的行为负责，千万不要将责任推给别人。要时刻提醒自己说："这是我的错，不能怪任何人。"

另外，培养和增进领导者魅力，是要讲究方法和技巧的。当你激发了下属的追随动机之后，你还必须确实做到下面三点，才能更进一步展现令人慑服的"魅力"，有效吸引下属为你赴汤蹈火，让他一辈子永远跟随着你。这三件事就是：扬善惩恶，是非分明；做一个前后一致的人；注意别人，也让别人注意你。

  事实显示，有80%的领导者很难做到，结果造成员工们离心寓德，大伙儿怨声载道，工作成效无法大幅度地提高。这种现象值得注意和警惕。但与其提高警惕，领导者还不如主动完善个人的魅力，使自己获得这种令下属为之慑服的吸引力。

值得关注的外表形象

培养超凡魅力从关注外表形象开始,外表形象是领导者必须关注的。一个人的外部形象如何常常向人显示他是谁,他的自我感觉如何。对于领导者来说,外表形象就是他给员工、给鲶鱼型人才和给客户的第一印象,而第一印象往往能持久。在行走中昂首挺胸、充满自信的领导者往往让他人乐于交往,而怯怯生生、缩头缩脑的领导者则让人鄙夷。衣着怪异、头发凌乱、长期不削剪指甲、领带污迹斑斑、衬衣一角外露的领导者很难培养自己的魅力。衣着随便草率往往是领导者个性的体现,但是他人的认为却是该领导者马虎大意,很难思维缜密。对于领导者来说,外表形象不仅是个人形象问题,而且是企业整体形象问题。

领导者魅力更多的时候表现为一种非语言的交流方式。有一项研究表明,人的情感沟通能力只有7%通过语言所表现,37%在于话中所强调的词,而有56%与言辞完全无关。也就是说,领导者魅力的建立更多的时候不在于你怎么说,而是在于你怎么做和怎么表现你自己的想法。外表形象无疑是重要的一环。别人对领导者的第一印象一半以上受到领导者外在形象的影响。企业常常花费数百万元就是为了为它的产品寻找一个合适的包装,以此来吸引顾客的注意,对于领导者来说,领导者的形象就是领导者的包装。"任何一个做市场的人都会对你说,第一笔生意的成交85%受产品外观的影响,同一产品第二笔生意的成交85%受产品质量和内涵的影响。所以首先是包装,其次才是内在的东西。我们就像摆在货架上、装着麦片的包装盒，你得问问自己怎样才能让别人把你从货架上挑下来，而不是摆在你旁边的那些包装盒。"制胜之道公司的创始人苏珊·斯克里布纳博士曾经这样说道。

领导者应该培养一种让自己都感觉舒服的外在形象，通过这种外在形象来形成个人风格，这种风格能恰当地表达领导者，而不是表达别人。领导者的个人风格和企业密切相关，它就是企业的象征。

外表形象的另一个重要方面就在于肢体语言的控制。如果领导者的肢体语言表现出缺乏自信，那么领导者的信誉和专业精神都将受到质疑。对于业务员来说，和客户的初次接触时的肢体语言直接决定了交易能否达成。同样对于领导者来说，肢体语言所传达的信号很可能在几秒钟决定领导者的成败。坐立不安的领导者很明显是缺乏信心，谁愿意和缺乏信心的领导者合作呢？而这个形象难题是很难克服的。研究表明，当领导者不停地摆弄他的手脚，便意味着他想逃离现场，这是一种透露出胆怯、不安、害怕的信号。因此对于领导者来说在任何时候都要带着"我能控制局面"的自信，让自己的表现放松，在这种状态下，才能够应付一切可能发生的情况。

如果领导者拒绝直视别人的眼睛，别人往往会感到那是一种侮辱。一个汇报工作的员工如果发现领导者根本就不看他的眼睛，那么他的心情是可想而知的！

眼神是培养领导者超凡魅力的重要方面。一个领导者的魅力很大程度上是通过眼神来表现出来的。富有魅力的领导者都知道如何控制自己的眼神，以便使自己看起来就像是世界上最重要的人物一样。对于领导者来说，将注意力集中在谈话对象的身上是为了表示尊敬，向他表明你对话题很感兴趣。同时，将注意力集中在谈话对象的身上还是为了表现自信、正直和诚实。

处理事务要公私分明

"公"与"私"分指集体与个人两种价值利益，形成矛盾关系。一般讲，每个人身上都有"公"与"私"两种欲望，关键是要看你如何处理两者的关系：公私兼营是错误的，大公无私是可能的；圆满的做法是克己（私）奉公。但是由于人本身的需要层次，"公"与"私"常发生尖锐矛盾，偏出现因私而害公的现象。从某种意义上说，企业里的公私不分，是检查领导者是否称职的尺度之一。如果一名企业领导者混淆公私界线，必定会因私而害公，从而违背了"公私分明"的用权戒律。

公私不分、假公济私或欠缺公正的企业领导者在下属尤其是鲶鱼型人才的心目中不会具有威信。因此切忌假公济私，而公私分明是一名企业领导者用权的标准，唯其如此，才能正己立身，才能管好下属，否则，就会完全掉进私欲的陷阱之中，终不能自拔，造成毁灭性打击。

对一个企业的领导者而言，公与私是不能同时满足的，因私必然害公！因私害公的领导者，在下属眼中就跟掉了价的大白菜一样，毫无威信可言。人一旦做了领导者，自尊心就会随之提高，常常会莫名其妙地感到自己被忽视，别人一说悄悄话，或在暗中商讨事情，就会觉得很不是滋味，像某信息公司的李经理就是这样的：

"经理，请你在合同修改书上签字。"

"为什么不事先和我商量？我根本就不知道这件事。"

"可是我现在不是来告诉你了吗？"

"你早就自己决定了！可见你根本就不把我放在眼里，我不签字。"

像这种例子，屡见不鲜。的确，未经事先商讨，对经理而言，可能是不太礼貌。但经理也大可不必就心怀恨意，因为一记仇了便阻碍工作进行，于己何利？

作为领导者，"不知道"和"不了解"是自己的过错，不应责怪下属。在平时，领导者就应该多做调查，听取下属报告；或巡视各部门的工作现况，以了解他们实际的工作情形。不能掌握下属行事的领导者，是一个差劲的领导者。同样，作为企业领导者，像这种因私害公的情形最好不要在自己身上出现。

作为一个现代企业的领导者，同样只有无私才能无畏！相信每个人在工作岗位上，都会对下属采取公平的处理。但是，什么是"公平"呢？如何判断自己对待下属是否公平呢？下判断的要诀是无私，即不可考虑自己的利益所在。

比如说分配任务。当遇到困难的工作，先不要去想任用之人成功完成任务后自己将得到的奖励或赞誉，也不要因为工作轻松又可获得利益便想掠夺过来，企图自己做。这样的念头，都会使下属对你的信心大减。因为你的企图很容易被下属看穿。因为不论何时，由上往下看，往往不太能知道实情。然而，由下往上看，却大致能正确地了解一切。

就公司的利益而言，你必须从工作的重要性、紧急性综合判断，在判断的过程中绝不可掺杂丝毫的自我利益。你从工作大局，从公的未来发展情况而做出考虑，你可以光明磊落地着手去做。但是，你必须妥善处理组员之间的争执。从这层意义来看，你是选择了艰难的道路。

一个指导下属的领导者，是应该经常关怀弱者的。然而，付出过多的关怀有时亦于事无补。最好的要诀是做个无私的领导者。

记住点滴才能成大事

真正的公私分明不仅要求切忌在大事上因公害私，也要求注重细节。因为大局和细节一样，都能体现出一个人的立场原则。领导者在细节上也因严格要求自己。

鲶鱼型人才对领导者的日常事物都非常敏感。在这被不满与怀疑充斥的社会里，做一个企业领导者，只要有一点点不能公开向大家交代的地方，就无法获得后进人员和下属的心。

有一个例子可以说明以上的观点。利用交际费使交涉有利的做法在过去向来很通行，但这也会产生很多问题，比如新职员对领导者们所拥有的交际费，常常会产生怀疑。领导者不管是为了工作还是为了公司的客户，只要一到饭店或酒吧等地出入，后进人员怀疑的眼光便会集中在他们身上。一旦发觉领导者有不廉洁的事，嘴里虽然不说话，却会牢记在心中。他们固然也会认为这种领导者很能干，但还是觉得不能太信任他们。以后即使领导者跟他说一堆大道理，他也只会在心里反驳或冷笑。而且对这种做法怀有反感的年轻人也越来越多。所以这种人虽然很擅长与外面的人交涉，但是却不能做个好领导者。因此，滥用交际费，或者在交易的对象身上花许多钱以达到目的的时代已经过去。今后，诚意和努力将成为交易的通行证。如果想要获得这些后进人员的信任，就必须避免太过大方地使用交际费来进行公事上的应酬。

还有一个例子：经济不景气的日子里，某一行业的一些小企业破产了，但他们的一些同行却安然度过了经济低落的日子。其中的奥秘是什么呢？是因为这些企业一向都严守公私分明的规则，而且上至董事长，下至普通职员，每一个人都力行这种原则。这些企业的劳务领导者如此优良，怎么会破产呢？

也就是说，如果普通员工都认为："在我们公司里，每一位都公私分明"，或者"我们经理没有不可告人的账目"，那么这个公司在不景气时，劳资双方便能结成一体。即使职员被削减薪水或奖金，也会因为相信公司的处境，而不会怀疑有什么"隐私"，反而会更加努力去帮助公司渡过难关。

但另外一种情况却是有的领导者会让人家怀疑：他是不是有收取回扣，他是否谎报交际费？虽然没有证据，但是行动可疑，一旦被人蒙上这一层阴影，大家便会对他的好感大打折扣。此外，用公费去交际、喝酒，也是造成表里不一的原因。还有，用公家的电话闲聊私事，或者写私人信件时贴上公家的邮票等等，这些小事都能慢慢使人对你的好印象变坏。

在往后的公司业务处理中，占便宜的想法是绝对无法行得通的。必须以合理的方式来利己，绝不能占公家的便宜。公司里的同事、领导者的眼睛都注视着你，聪明的人是绝不会揩公司的油、占公司便宜的。因此，你一定要让大家都知道你是绝不贪私的人。

也许有人会说："水至清则无鱼。"人太清廉自守，周围的人便不会来亲近你。而且在现代，由于"占便宜"的人很多，"不占便宜便是吃亏"的想法蔓延也很广，因此能坚持清廉是很难的。

在现代的社会，用来获得别人信赖的，究竟是什么呢？是手腕吗？经历吗？请人家喝一杯吗？这对价值观多元化的后进人员而言，是很难弄清楚的。但是如果你能保持清廉，便可以赢得别人的信任。

我国自古便强调廉洁的重要。做一个领导者，一定要戒贪，即使只是一个小小的领导者，也仍是领导者。以往的社会，对才能和手腕非常重视，但在日后，清廉自守是更重要的条件。它会带给你意想不到的力量，成为后进人员对你信服的原动力。所以，"水清无鱼"又何妨？在这个时代，能与众不同地散发出廉洁的芬芳，才是最重要的，也只有这样才能赢得后进的信任。

所以你用的手腕和力量都必须清廉、强固，才会成功。如果不干不净的话，一切都等于零。而你的经历中如果稍有贪私的地方，便会使人觉得一无是处。

因此，公私分明，应当从小事做起。

注意使用非权力影响力

由于鲶鱼型人才本身比较注重自我实现价值，因此领导者要注意非权力影响力的使用，而不要频繁地使用权力影响力。

影响力是指一个人在人际交往中，影响和改变他人的心理与行为的能力。影响力分为权力影响力和非权力影响力，其中非权力影响力就是魅力。领导者的影响力主要表现为在管理活动中，有效地影响和改变下属的心理与行为，使之纳入整体活动目标轨道的能力。任何管理活动都是在领导者和下属的相互作用中进行的。非权力影响力主要包括品格因素、能力因素、知识因素、感情因素等。

非权力影响是领导者的行为和素养的体现。它是软性的影响力。它的特点主要有：一是非权力影响力是领导者自身的行为和素养自然地引起下属的敬佩感、信赖感和服从感；二是行为和素养是由领导者本身所具有的，这种影响力是内在因素起作用引发的；三是非权力影响力是由领导者个人根据工作需要，以及自身状况与工作需要的适应程度进行自我调适。非权力影响力是领导者影响力的基础要素，要让员工自觉地、真正地服从，仅仅依靠权力是不行的。权力影响力很大程度上是表面的、虚假的，它对人的影响也是暂时的，相当有限的，有时甚至是事与愿违的。一个领导者只有品德高尚、作风正派、处处以身作则、为人表率、秉公执政、在工作中做出许多成绩，他的管理活动才容易被员工所接受，他的为人就能得到员工的钦佩，他才能得到员工心理上的归属。这种归属不是强制的，而是由衷的、自觉的和心甘情愿的。非权力影响力较之权力影响力具有更大的作用。非权力影响力是管理影响力的关键所在。

非权力影响力主要是指领导者的品质、作风、业绩以及行为榜样等非权力因素对下属造成的影响力。非权力影响力更多地属于自然影响力，它表面上并没有合法权力的约束力，但实际上它常常能发挥权力影响力所不能发挥的约束作用。构成非权力影响力的要素主要是品格因素、知识因素、能力因素、感情因素。

一、品格因素

品格因素是指领导者的道德品质、人格、作风等，它反映在领导者的一切言行之中。优秀的品格会给领导者带来巨大的影响力，使人产生钦佩感，而且能吸引人，让人们自觉地去模仿。有些时候品格因素直接决定了下属的服从程度。对于一个相当出色的领导者来说，如果在品格上出了问题，那么他的影响力也会荡然无存。领导者如果在公开场合讲得头头是道，讲求廉洁奉公，而在私底下大开后门，搞不正之风，那么员工对这样的领导者往往只会是表面服从，但内心是相当反感的。因为员工对领导者缺乏某些素质因素，如能力、知识等往往是可以原谅的，但是如果领导者缺乏品格因素，那就是无法原谅的。

二、知识因素

如果一个领导者具有某种知识专长，他便会对员工产生巨大的影响力。领导者所拥有的知识是正确地处理各类问题，使下属对问题处理结果感到满意的基础。这种知识因素所造就的影响力是超于职权之外的。很多企业领导者在业务上一窍不通，结果没有得到员工的信服。

众多企业招聘领导者时，往往要求他们从基层业务做起，理由很简单，如果在业务上不能取得较好的成就，那么是难以服众的。一个没有专业知识的领导者往往因为缺乏业务知识，会在许多问题上一筹莫展，因此也很难得到员工信服。

三、能力因素

一个有能力的领导者会给员工带来成功的希望，自然会让他们产生对他的敬佩感。敬佩感是吸引人们自觉去接受影响的基石。在管理日常事务中，有些领导者身居高位，却常常是名实不符，很多领导者处理事务慢慢腾腾，不能按时完成计划，完成的质量也大打折扣。同时作为领导者，他们往往由于缺乏判断能力，经常会做出错误的决定，这样的领导者在企业中主持工作，很难让员工与其协调，势必妨碍整体工作业务的开展。因此必须选择真才实学的领导者。同时给领导者安排的职位也必须考虑其实际能力，如果让一个领导者去担任他完全力不从心的职位，这对领导者本人来说也是一件相当苦恼的事，对员工来说也是一件相当苦恼的事情。

四、感情因素

感情是人对客观事物好恶倾向的内在反映，人与人之间建立了良好的感情关系，便能产生亲切感。在有了亲切感的人与人之间，相互的吸引力就大，彼此的影响力就大。领导者平时待人和蔼可亲，平易近人，时时体贴关怀员工，和员工的关系相处十分融洽，他的影响力往往比较大。如果领导者与员工关系紧张，时刻都要互相提防，那么势必会造成领导者和下属的心理距离。这种心理距离是一种心理对抗力，超过一定限度就会产生极坏的影响。

一个领导者要将他的决策变成员工的自觉行动，单凭职位权力显然是不够的，即使是有能力方面的吸引力，在很多时候也是力不从心的。因为员工已经不再是传统意义上的经济人，而是渴望得到关怀的社会人和自我实现人。因此领导者要想使员工心悦诚服，为其所用，就要在保证员工在感情上能和领导者心心相印，忧乐与共，以便领导者发挥感情的影响。对感情影响力的培养最为关键的因素就是要克服官僚主义的领导者作风，做到从感情入手，动之以情，以取得彼此感情上的沟通。

此外对领导者最为重要的影响力还包括人格影响力和榜样影响力。

根据非权力影响力的构成是以静态还是动态占主导，可以将非权力影响力划分为人格影响力和榜样影响力。

人格影响力是指领导者在管理工作中，通过自己的品德素质、心理素质和知识素质在下属的身上产生影响的一种力量。其中品德素质是人格影响力的基础。领导者良好的道德、品行、作风往往对员工产生潜移默化的作用。领导者的心理素质，是人格影响力的关键。在心理素质中，领导者必须具备丰富的情感，并对员工充满热忱和关怀备至，这样才具有强大的人格魅力。而知识素质是领导者人格影响力的能源，在管理工作中，知识渊博、业务素质高的领导者自然会形成一股凝聚力，员工自然会信服领导者的管理。

榜样影响力是一种值得重视的一种非权力影响力。它是指在管理工作中，领导者通过自己的行为给员工提供一种值得学习和效仿的模式，使之在下属身上产生影响的一种力量。下属可以通过耳闻目睹，了解、收集领导者发出的种种信息，通过内心感受和体验，内化为自己的主观意识和态度，进而引起思想感情的变化，最后转变为自己自觉自愿的行动。榜样影响力产生巨大的心理感召力量，可以使管理工作深入人心。如果一个领导者要求其员工按时上班，首先他必须自己按时上班，以此来作为榜样，使员工自觉地按时上班。

榜样影响力是自发实现的，对下属的影响程度和范围相对较小；而人格影响力则是自觉实现的，其影响的程度深、范围广。榜样影响力是人格影响力的前提和基础，而人格影响力则是榜样行为影响力的发展，是一种更为高级的非权力影响力。

从品格着手增强魅力

领导者的品格是决定自身价值高低的一个重要方面，也是领导者魅力的重要源泉。具有高尚品格的领导者会放射出磁石般的力量，对于追随他们的鲶鱼型人才来说，他们是最终目标的象征，是希望的象征。

管理是一种指挥和控制行为，是领导者对下属产生影响的过程。成功管理的关键就在于领导者具有超过一般人的影响力，以此来有效地影响下属的心理和行为。而影响力主要来自强制性影响和自然性影响。品格是自然性影响的主要来源。一个领导者能不能以及多大程度地受到员工的拥护，在很大程度上取决他的品格修养。

华盛顿是以其完美的品格赢得了新生美国的信任，他当上了第一任总统，新美国的第一任领导者。1788年，出席制宪会议的代表皮尔斯·巴特勒在谈到总统权限的规定时说过这样一段话：代表中有许多人瞩目选举华盛顿将军担任总统，而且根据他们对华盛顿品格的看法而决定他们应当给予总统多大的权力。可见良好的品格是造就优秀优秀领导者的基础，而差劲的品格往往成为领导者成功的羁绊。良好的品格有助于有效管理的实现，它可以加强企业的整体性，使领导者和下属休戚与共、荣辱相依，从而实现企业的经营目标。试想一个品格低劣，却又大权在握的领导者如何能实施有效的管理。领导者的品格具有多层次的内容，主要可以从道德品质和个性品格两个方面来考察。

一、道德品质

印度独立后的第一任总理尼赫鲁在政治生涯开始时便追随圣雄甘

地，支持甘地所领导者的运动。甘地本人对他十分欣赏，寄予厚望。甘地经常和尼赫鲁在各种问题上交换意见，主动提拔他担任领导者职务，由于甘地的作用，尼赫鲁在国大党的地位迅速提高。尼赫鲁虽然9次被捕入狱，但是他从未放弃他的政治抱负和理想。更加可贵的是，尼赫鲁并不盲目地追随甘地，他不怕困难，对欧洲进行了考察，在很多问题上的看法早已超过甘地。他始终走在印度民族解放运动的最前列，提出了印度"完全独立"的政治目标，得到了印度人民的广泛拥护。他所具有的良好品格如革命的坚定性和目光的远大性深受印度人民的崇敬和信赖。政治家需要良好的品格，因为他要实现有效的领导者和管理，同样领导者也需要实现有效的领导者和管理，因此领导者同样需要良好的品格。

有些政治家对品格不屑一顾，如美国前总统尼克松在他的《领导者》一书中对道德表示轻视。他说："美德不是伟人领袖高于其他人的因素。"但是这种认识从根本上来说是错误的，它将权力等同于权术。权术往往是不择手段的，在不过民主和透明的权力机制下，它有可能发挥作用，但是在民主化和透明度很高的机制下它往往会让领导者寸步难行。尼克松最终因为"水门事件"而下台，正说明了这点。因此只有道德被认可，才能实现有效的管理。否则一切都是空谈。

二、个性品格

个性品格是产生魅力的主要来源。人们往往把个性品格称为性格。性格来源于希腊语的"雕刻、铭记"，也就是说，性格是生活在人身上打下的烙印。

成功领导者的性格应该是活跃积极的。这种领导者极为活跃，并乐此不疲。他们的自尊心往往很强，但是也比较会适应环境。他们重视高效率，懂得灵活恰当地运用自己的风格。他们往往给自己确定一个比较明确的目标，然后朝着这个目标不断前进。总之，这种领导者充分运用理智，用大脑来移动双脚。

任何人都有一种观念：如果一个人正确，那么他的世界也错不到哪里去。鲶鱼型人才对领导者同样有这种观念。

从知识着手增加魅力

一个领导者知识的渊博程度能够影响其魅力。对于领导者来说，知识素养是相当重要的。在领导者进行管理的过程中，知识素养不但决定了其思想观念和思维方式，而且决定了鲶鱼型人才和其他员工对领导者的信服程度。

仅拿历史上著名的亚历山大大帝来说明知识素养如何培养魅力。亚历山大大帝13岁时，父亲为了将这个未来的君王培养成博学多才的人，特意聘请了当时希腊最有学问的亚里士多德来做儿子的老师。在三年的学习过程中，亚历山大和亚里士多德朝夕相处，形影不离。在亚里士多德的教导下，亚历山大迅速成为了那个时代少有的学识渊博的君主。后来他率军横扫亚欧大陆，在远征中仍不忘记读书，并命令士卒返回希腊为他运来许多书籍，这些书涉及面广，包罗百科。渊博的知识赋予了亚历山大非凡的魅力。有一回波斯使臣来到马其顿，波斯国是亚历山大一直想征服的庞大帝国。可是他理性地掩饰了自己的野心，而且以极其友善的态度和有节制的提问使来访的使臣心悦诚服。最后有位使臣说道：这个孩子才是伟大的君主，而我们的国王只不过是徒有钱财而已。在后来的征服中，亚历山大大帝所向披靡，声名流传百世，正是他那渊博的学识塑造了超凡的魅力，吸引了一大批跟随者为其服务。

同样，作为美国第二十六任总统的西奥多·罗斯福也是一个热爱读书，有着较高知识素质的人。他不但是位总统，而且还是位作家，他一生出版了近40本书，第一本《1812年海战史》是他上大学四年级时所写。这位总统渊博的知识为其培养了巨大的活力和感染力，正如别人所说：当他走进一间房子时，人们总感到有股"电流"。

领导者要想在工作中赢得服从，就必须培养自己超凡的魅力，而超凡魅力的培养中，必须注意知识素质的提高。因为知识素质是超凡魅力的重要基础之一。拥有知识的领导者和没有知识的领导者不但在处理业务的能力上有天壤之别，在言谈举止上也差别巨大。因此领导者在造就超凡魅力的同时，一定要注重知识素质的提高。通过提高知识素质来培养超凡魅力。

鲶鱼型人才往往容易自负于自己的才能和知识，如果谁能在才能和知识方面让他们心服口服，那么他们往往乐于接受领导者。

好的口才造就魅力

好的口才往往能够造就超凡魅力，对于领导者来说，培养好的口才是必需的。在历史上，众多的领导者都注意自己口才的培养，因为良好的口才能够让一个领导者在实施管理的过程中，更恰当、更合理地向员工表达自己的意思，甚至是宣扬自己的主张、进而达到说服员工服从的目的。

美国前总统尼克松口才素养十分优秀。1952年，尼克松被提名为艾森豪威尔的副总统候选人。但是在竞选期间，有家报纸突然报道尼克松曾收受贿赂，舆论顿时哗然，共和党、民主党的领导者都一致不看好尼克松，就连艾森豪威尔也打算抛弃这一名声不好的伙伴。在这个时候，尼克松夫妇以及两个女儿和一只身上有黑白斑点的小狗坐在书房里的画面出现在电视屏幕上。在这样一个十分轻松的氛围中开始向公众演说。他说他一生中只接受过一次馈赠，那就是别人送给他女儿的这条小狗。他十分诚恳地为自己辩解说，在选举之后，他们的确得到一件礼物，一个得克萨斯的人听到他们的两个孩子希望有一条狗，于是给他们寄了一条西班牙长毛垂耳小狗，身上有黑白斑点，它是装在一个板条箱中的，从遥远的得克萨斯过来的。他们把这只狗叫作切克尔斯。大家都知道，孩子们是喜欢这只小狗的。不管别人对此说些什么，他们也一定要养这只狗的。尼克松没有高谈阔论，而是向公众道起了家常。这种说法不仅为尼克松洗清了污点，而且还塑造了一个忠诚、充满爱心的形象。以此来感染了无数选民，最后获得成功。

第5章 魅力发挥着重要作用

优秀的领导者需要有良好的口才，有时候还需要雄辩。因为雄辩能够体现一个领导者的能力和信心，而毫无疑问正是这些能力和信心塑造了领导者的超凡魅力。优秀的领导者和领导者将雄辩作为制胜的武器。林肯是举世公认的演讲家、雄辩家。有人这样评价他的口才："作为一个严密的观察家和无法反驳的说理者，少有人能与他并驾齐驱，他从不攻击旁人的人格和动机，而是采取说理斗争。"但林肯的口才并不是天生的，而是得益于艰苦的锤炼。他有两本拜伦诗集，一本放在办公室，一本放在家中长期诵读。林肯在政治上崛起时正是美国南北双方在奴隶制问题上斗争最激烈的年代，林肯顺应历史潮流，坚决反对奴隶制，而他所使用的最强有力的武器就是他那卓越的口才。

1858年，伊利诺伊州共和党代表大会提名林肯为国会参议员候选人，与民主党人道格拉斯竞选。林肯发表了著名的《裂开的房子》演说，结果震动全国。他大声地说道："一幢裂开的房子是站不住的。我相信这个政府不能永远保持半奴隶、半自由的状态。我不期望联邦解散，我不期望房子崩塌，但我的确希望它停止分裂。它或者将完全变成这样，或者将完全变成另外的东西。""不是反对奴隶制的人制止奴隶制度的进一步扩展，并使公众相信它正处于最后的灭亡过程中；就是拥护奴隶制的人把它向前推进，直到它在所有的州里，不论是老州还是新州，不论是北部还是南部，都同样成为合法的为止"。

此后，许多报纸全文登载了林肯的演说。不久林肯与道格拉斯之间的大辩论开始了。8月21日，在奥塔瓦公共广场上，12000名听众头顶盛暑骄阳，仔细倾听两人的第一次辩论，他们听了足足3小时，还从芝加哥开来了一列火车，拖有17节载满听众的车厢。这次大辩论所吸引的听众人数之多、情绪之热烈，在美国竞选历史上是空前的。《路易斯维尔报》评价林肯的演讲时说：希望每个人都不要忘了去读一读，林肯的话深刻辛辣、扣人心弦，这是被一些人生动地称为好战类型的话。最后由于种种原因，林肯尽管遭到失败，但是他作为一个演讲家的名声还是迅速传开了。1859年，他在伊利诺伊、印第安纳、俄亥俄、威斯康星、衣阿华、堪萨斯各地做旅行演说，这些演说充满着果断的语言和无懈可击的逻辑，他将维护奴隶制的种种借口驳得体无完肤，正是这种热情使不少的听众情不自禁地感到站在他们面前的林肯是一个热血沸腾、头脑冷静、愿为其事业献身的人。

在1860年5月，在芝加哥举行的共和党全国代表大会上，林肯击败了对手西华德，成为共和党总统候选人。同年11月全国大选揭晓，林肯当选美国第十六任总统，从而揭开了美国新的历史篇章。我们不难看出，在林肯走向权力顶峰时演讲所起的巨大作用。

而与之相反的是，笨拙的口才往往影响到领导者和领导者的形象。勃列日涅夫是一个没有受过良好教育、知识贫乏的人。他的口才相当差劲，在没有讲稿的时候，往往一句话都讲不出来。20世纪70年代末，有一次他与美国总统卡特私下会晤时，翻译为他准备了一份特别文件，这份文件是根据设想中卡特会问什么问题而准备的。到时只要勃列日涅夫根据对方的提问而逐一回答就行了。结果在会晤中，勃列日涅夫照念讲稿却对卡特的回答无法领会，最后闹了大笑话。

有人说，领导者应该是个天生的演说家，这样的人能够鼓动大家一起为实现目标而努力，确实有道理。鲶鱼型人才如果能够被领导者有理有据的口才所征服，定然会为组织不遗余力地贡献力量。

第6章　领导者的个性也很重要

思路决定出路，性格决定命运。不同个性的领导者在对鲶鱼型人才进行管理时往往会产生不同的结果。因此，作为组织的领导者，在进行企业管理时，一定要注意自己性格特征，同时还要不断地优化性格，使之符合管理鲶鱼型人才和企业发展的需要。此外，对于鲶鱼型人才来说，领导者更是统帅，领导者很多时候都成为了精神领袖，因此一个领导者在管理中必须具有统帅气度。而统帅气度的培养必须从管理风格着手。

性格决定命运

性格是一个人对现实的惯有态度和日常行为方式中所表现出来的个性心理特征。它往往表现为诚实或虚伪、勇敢或怯懦、勤劳或懒惰等性格特征。也就是说，性格是由许多性格特征所构成的统一体。正如恩格斯所说：人的性格不仅表现在他做什么，而且表现在他怎么做。做什么反映了人对事物的态度，表明了一个人追求什么和拒绝什么；而"怎么做"则反映了人的行为方式，表明了人是如何追求他所希望得到的事物的。正如管理学中常讲的一句话：做正确的事和正确地做事。性格决定了一个人的最后选择，同样也决定了一个人做事的方式。一个冒险激进的人往往会选择风险比较大，回报比较高的事情，并用比较激进的方式来完成它。相反一个保守怯弱的人会选择风险相当小的事情，同时以比较稳定的方式来完成它。

人的性格虽然不是一朝一夕形成的，但是如果性格一旦形成，就会趋于稳定，而且贯穿在他的以后全部行动之中。性格中有部分是遗传的，但是相当部分还是在后天环境中不断发展而来的。对于一个人来说，一时的偶然表现并不能代表其性格特征，只有经常性、习惯性的表现才是其基本的性格特征。

性格决定了一个人的选择，每一个人每天都要做相当的选择。这些选择之所以必须做出，就是因为资源的有限性。对于领导者来说，每天不但要做出相当多的日常选择，而且还要做出事关企业发展的决策。因此稳定性格对于管理来说是相当重要的。一个领导者的性格特征从根本上决定着未来的前途。不同的性格的人在待人处世方面所做的选择是根本不同的。优秀的人一般具有的性格特征是情绪稳定、主导性、外向性、社会适应性强等。很少有优秀的人是情绪起伏不定的,也很少有优秀的领导者在困难面前没有了主见。对于优秀的人来说,不管物质条件是如何贫乏,社会条件是如何苛刻,而所追求的目标又是如何让人可望不可即,优秀的领导者最终都能够突破层层障碍,取得事业上的成功。他们成功的关键就是靠他们的性格。其中最为突出的就是吃苦耐劳,不服输和脚踏实地的性格。

一个人要拒绝孤独,同时也必须耐得住寂寞。因为热闹往往并不能让人清醒地思考。领导者所进行的管理活动最基本的要求就是思路清晰和明确,这就要求领导者能够不断地从事调查和研究,不断地为企业指正航向。能够耐得住寂寞也是领导者的良好性格之一。我国有句古话:十年窗下无人问,一举成名天下知。所有的人羡慕成功者,关注他头上的种种光环,可是没有几个人真正去了解他们的过去和他们的辛酸。很多人羡慕马克思,因为他是科学社会主义的奠基人,社会主义国家将他视为开创者。但是有谁知道马克思的一生是如何度过的呢?他的一生是曲折的一生,不平凡的一生。他被政府视为叛逆、眼中钉,从这个国家驱逐到那个国家,并且一生都穷困潦倒,更为严酷的是他不被世人所理解。他的生命大部分都献给了孤独和寂寞。虽然如此他却从来没有放弃他的信仰和信念,最后他将社会主义永远地刻在人类的发展史上。著名的画家梵高,一生画画卖画,却从来没有真正卖出一幅画。他的一生都是在孤独和寂寞中度过的,很少有人关心他，人们关心得更多的是金钱。他的画太超前了，人们根本就没有水平去欣赏它。于是他一生穷困潦倒，最后便在穷困中自杀。但是后人同样也记住了他。

成功的人必须具备一些成功的性格，永不服输、吃苦耐劳、脚踏实地，同时还必须耐得住寂寞。在日常管理活动中时刻注意自己性格的优化。性格是可以后天习得的，因此要不断地培养适合企业发展的性格，领导者的性格在很多时候就成为了企业的性格。永不服输的企业在市场上输掉的可能性就小，吃苦耐劳的企业在市场上获得的发展空间就大，脚踏实地的企业往往能够做到市场中某一个领域的强者，而耐得住寂寞的企业则经常在市场中做出惊人之举，最终会左右整个市场的格局。

管理就不要畏惧

领导者在管理中应该具有无畏的性格，这样不但有利于管理鲶鱼型人才，而且有利于对组织进行管理。但是在现实管理活动中，很多领导者对诸多不可确定因素产生了畏惧，这些畏惧主要表现在：

一是对自身能力不足的畏惧。

发展迅猛、竞争日益激烈的现代企业让很多领导者面临着巨大压力。虽然在他们的梦想中，自己应该是一个从不出错，为企业立下赫赫战功的英雄，但是领导者对业绩期望越高，最后得到的回报就越是让人失望。而此时身边对管理职位已经觊觎已久的领导者会很乐意去一试身手。这就造成了领导者对自身能力不足的恐惧。

领导者往往试图表现得很完美、对任何事都相当在行，似乎领导者永远严阵以待，永远都在做正确的事，而且还试图给人造成驾轻就熟的印象。即使做不到，在必要时刻，领导者也会使出铁腕手段来让他人信服。一个真正自信的领导者根本不用向别人证明什么，他会根据自己的能力来给自己定目标，进而顺利地完成目标。那种定下不切合实际目标或者竭力想向别人证明目标一定能够实现的领导者往往是缺乏自信的表现。对于领导者来说，过分施展才华往往会导致对自身的弱点的忽视和对自己能力的认识不清。而弱点将带来威胁，于是领导者往往不愿去正视它们，甚至希望它们快些消失。

正确的做法应该是准确地认识自身的不足，有不足并不可耻，相反它说明了领导者个人在进步，所有问题的关键就是迅速减少这些不足带来的威胁，使它不再妨碍你凭借能力获得各种成就。

二是对未来心中没有准确的预测而产生的畏惧。

由于对未来没有准确的预测而裹足不前的例子很多。

1967年，瑞士手表制造商在研究中心发明了电子石英表，但是他们却拒绝了生产这种手表的建议。因为他们认为谁也不会要一块没有发条的手表。但仅过了十年，这一决策就让瑞士手表的市场占有率从65%下降到了不足10%。因为日本人利用瑞士人的发明，大规模生产和推广电子表，最后赢得了绝大多数市场份额。

对于领导者来说，对捉摸不定的未来的恐惧使他们不愿轻易改变现状。即使现在的状况苦不堪言，但在他们的心中总认为未知的将来将更加可怕，于是领导者宁愿忍受现在的痛苦而不愿去做任何改变。适度的冒险是对付这种畏惧的唯一办法。领导者要相信自己出色的能力，并且凭借它，准确地预见将来哪些问题可能会发生，进而做出有针对性的决策。领导者必须预测未来，因为变化肯定是会发生的，只不过变化如何发生是不确定的。领导者遇到的真正困难就在于理解意外情况随时都有可能出现，并找出解决的办法。不管领导者如何拼命地抓住现在，对不确定环境的畏惧都不会有丝毫减少。因此真正高明的做法就是敢于预测未来，这样比原地踏步安全得多。

三是害怕被拒绝。

很多领导者都希望他们能够得到人们无条件的承认，而且这种愿望往往是相当强烈的。因此很多领导者在领导者和员工面前都会表现得相当得体，而且尽量讨人喜欢。这是老好人的做法，而不应该是领导者的做法。一个人遭受到拒绝是常有的事情，领导者遭到拒绝也应该在意料之中。领导者能否胜任他的工作往往不在于他在多大程度上受到别人的欢迎，而在于他能够多大程度地为企业带来利润。有些领导者十分强烈地希望别人能够无条件地承认他，但这种期望往往只能导致畏惧的加深。领导者最好不要想这样的问题：如果我不能胜任我的工作，结果将会怎样？如果不受欢迎又怎么办？因为这样的问题对于管理来说没有任何作用，相反它只能为难领导者的决策。因为在这样的压力下，领导者经常要考虑的问题就不再是"什么是正确的经营决策？"而变成"怎样做才能使他们更加喜欢我？"这样的领导者显然是不合格的。

当领导者不再根据自身的能力和热情来确定工作方向和重点，而选择一味地追求得到承认和赢得赞许，那么领导者就已经处于管理中的危险境地。当领导者费尽心思讨他人欢喜，最后往往导致立场的丧失，成功机会也随之丧失，最后连职位也随之丧失。因此领导者不应该被畏惧所作用，有所为，有所不为，坚持自己的做人做事的原则。领导者要大大方方地面对那些自己认为会拒绝你的人。因为认为这些人可能拒绝你的想法的产生就是因为和他们产生了距离。因此领导者可以勇敢地向这些人走去，尽量地了解他们。和他们做朋友，从他们那里得到启迪。如果这样做了，久而久之这种害怕被拒绝的恐惧就会消失。

四是惧怕面对现实。

在现实管理中，很多事情都不能如意。尤其是在遇到一些棘手问题，有可能威胁到企业利益时，领导者是否应该采取行动，该采取什么行动和如何采取行动就成了领导者必须面对的事情。有些领导者希望在这个时候能够有奇迹出现，让这种局面自然地消失，但是很遗憾这种局面最后往往变成了困境。于是领导者便出现了侥幸和浮躁的心理。在日常工作中，领导者会逐渐地放弃自己的判断，而乐于听取专家的意见。这不是因为领导者能够从善如流，而是因为领导者试图逃避他们不愿意触及的现实问题。他们宁愿将问题交给承诺有能力迅速解决的其他人，而不是深入了解问题的本质，进而采取办法克服难题。

优秀的领导者从来都不会回避问题，他们会不断地思考经营中的现实，并且勇敢地面对复杂的问题，而不是急于求成，期待好的方案迅速出现。

五是惧怕落伍。

年龄增长有可能使人变得迂腐，但迂腐绝不是年龄的必然产物。年龄只是领导者逃避当今日趋激烈的竞争环境的托词。无论领导者年龄多大、多么德高望重或者是社会关系多么广泛，他都必须通过创造价值才能保住职位。办公时代的革命已经告别了在办公室里露露脸就能领到薪水的时代。领导者老与不老，关键是看心态而不是年龄。如果领导者在退休以后，仍然能够长时间地保持心态健康和充满活力，那么领导者就不能算老。而且领导者应该坚信随着年龄的增长，阅历将会更加丰富，从事工作将更加游刃有余。

优秀的领导者从来不会对年龄产生畏惧，因为他渴望工作渴望成绩，并希望得到相应的报酬。至于那些已经对年龄产生畏惧的领导者，必须认识到这种畏惧源自个人，将影响领导者对自身能力的认同。因此必须尽快将这些问题解决，而不能让这种畏惧渗透到领导者的事业中去。有了这种畏惧的领导者不妨潜心下来学习一点新的东西，只要能够积极地尝试，就能够在任何领域中得到自由。

领导者之所以会产生种种畏惧是因为对管理事业不够热情或者是不再热情。世界上最杰出的领导者如通用电器的杰克·韦尔奇等之所以能够获得成功就是因为他们能够最大限度的发挥自身潜能，对从事的事业充满热情。也许他们的才智不是最出色的，也许他们本身所受的正规教育没有使得他们在管理中游刃有余。但是他们却注意时刻挖掘自身潜力，对事业有着一种强烈的执着追求，这种追求从来就没有停止过。对于他们来说，在管理生涯中肯定遇到过诸多的不如意，但是他们从来就没有畏惧过环境，而且通过坚持不懈的努力，最后通过改变环境而使自己的才能得以完全发挥，因此而取得了成功。

畏惧心理通常会夸大所谓的不足，让人觉得，要取得成功就必须具备某些根本就不具备的素质。正是因为这种心理，很多领导者就对资历产生了强烈的依赖，在工作岗位上安于现状，根本就不发挥主观能动性。他们根本就不相信自己能够取得成功，试想一个连自己都不相信的人，又怎么能让别人相信他们能够取得成功呢？

学会倾听别人的每一句话

许多人不愿倾听，特别是不愿倾听别人的意见。这种状况说明了在性格上存在着缺陷。80%的管理问题实际上是由于沟通不畅所致。不会倾听的领导者当然无法与鲶鱼型人才进行畅通的沟通，进而影响了管理的效果。

领导者性格特征中必须具备的一点就是有耐心，有能够倾听别人说话的耐心。倾听并不代表领导者一定要对别人的谈话表示认同，它仅表示对别人的尊重。每个人都有表达自己想法的权利。每个领导者都希望自己的讲话能够被鲶鱼型人才认真地倾听，自己的意思能够被鲶鱼型人才理解。同样每位鲶鱼型人才也希望自己的说话能够被自己的领导者所倾听，自己的意思也能被领导者所理解。沟通向来是双向的。

领导者的倾听不是听见或者听到，而是倾听。因为和听见听到不同，倾听不仅仅要用耳朵，而且更加重要的是用心。领导者有倾听的耐心可以从以下几个方面来培养：

一、理解鲶鱼型人才想说什么

领导者在倾听时首先必须弄明白到底鲶鱼型人才想说些什么，是对公司的建议还是对个人的不满？

由于性格不同，不同的人在表达观点时所采取的方式也不尽相同。比较内向的人在表述时可能会比较隐晦，尤其是在一些敏感的问题上。因此，这就需要领导者在平时多与他们接触，了解他们的工作动态，这些将有助于培养耐心的性格。

二、要站在对方的立场去倾听

鲶鱼型人才在谈述自己的想法时，可能有一些看法与公司的利益或领导者的观点相违背。在这个时候，领导者千万不要急于和他们争论，而应该认真分析他们这些看法是如何得来的，这种看法是不是相当普遍的现象？这就需要领导者站在对方的角度，设身处地地为对方着想，这样就有可能培养起一种倾听的好习惯，自然能发现管理中的一些自己从来没有注意到的问题。

三、如果要发表意见，听完后再说

在倾听结束之前，不要轻易发表自己的意见。由于领导者很可能还没有完全理解对方的谈话，在这种情况下妄下结论势必会影响对方的情绪，甚至会让对方对自己产生抱怨。领导者在发表自己的意见时，一定要十分谨慎。在任何时刻都要保持冷静，不要埋怨和牢骚。对鲶鱼型人才而言，你的言论代表着公司的观点，所以你必须对你说出的每一句话负责。

四、适时做出承诺并兑现

在倾听鲶鱼型人才的谈述时，领导者可以做一些记录。一来表明你对他谈话的重视，二来可以记录一些重要的问题，防止遗忘。领导者应该适时对鲶鱼型人才做出承诺，而且要按时兑现，实在无法兑现应该采取其他的补救措施。

培养鲶鱼型人才良好的性格

如何为鲶鱼型人才培养良好的性格，也是领导者一个重要的任务，领导者务必要使鲶鱼型人才认识到培养良好的性格对他自己、对企业都有重要的意义。一个有自制力、主动、果断、坚毅性格的人才，能够很好地安排自己的工作，在工作中能够正视现实、克服困难，取得成就。相反如果一个人才缺乏良好的性格品质，就会影响工作、学习和生活。

以下几点是领导者指导鲶鱼型人才培养良好的性格必须做到的：

一、改正认知偏差

由于受不良环境影响，或存在不良的教育背景，鲶鱼型人才在自己的心中会对人产生错误的认知。如认为这个世界上坏人多、好人少；同人打交道，要防人三分。这往往使鲶鱼型人才心胸狭隘、嫉妒心强、疑心大，对企业的管理十分不利。因此，领导者必须及时督促他们改变这些认知偏差。帮助他们积极地参加集体活动，多去参加一些有意义的活动，充分体验和感受生活。同时多看一些进步的书籍和成功者的传记。

二、不要总用阴暗的眼光去看待别人

我们必须承认这个世界有极度自私自利，为了自己利益不择手段的人，但是这世界正常人还是居多的。有些上过当或受过挫折的鲶鱼型人才，对别人总存在一种提防心理，对别人总是往坏处想。这种疑心重、心胸狭隘的人办起事来往往优柔寡断。因此，领导者要使他们

认识到这个世界上有公德的人毕竟是多数，好人毕竟是多数。曾经受到的欺骗只能说明自己运气不好，刚好碰到了坏人。

三、试着去帮助别人，从中体验乐趣

不良性格的人往往以自我为中心，他们对人冷漠，不愿与人交往，生活在自我的小天地里。这种性格是不利于管理活动的开展的，因为管理活动就是要和人打交道。因此，领导者应该及时地帮助这种个性的鲶鱼型人才改变这样的性格，让他们主动地去帮助别人，因为每一个人都需要关怀。通过这种方式，他们也会得到人们的帮助，在人们的互帮互助中实现管理的成功。在这种状况下往往能够使鲶鱼型人才体现自身的价值，使心情得到改善，对人对事的看法和态度也会随之改变，进而有利于性格的改善。

四、培养健康情绪，保持乐观的心境

偶尔心情不好，不至于影响性格。但是如果长期心情不好，就对性格有重要的影响。长年累月爱生气，为一点小事而激动的人容易形成暴躁、易怒、神经过敏、冲动、沮丧等性格特征，这是一种异常情绪性的性格。因此领导者一定要告诉和指导鲶鱼型人才乐观地生活，胸怀开朗，始终保持愉快的生活体验，当遇到挫折和失败时，要从好的方面去想。

五、乐于交际，与人和谐相处

兴趣广、爱交际的人会学到许多知识，训练出多种才能，有益于性格的形成和发展。如果能够正确地识别和评价周围的人和事，不和坏人混在一起，不参加不健康的小团体，就能够获得比较和谐的性格。

试想在一个互敬、互爱、互谅、互让的环境中,性格怎么能不变完善。

六、取人之长,补己之短

"金无足赤,人无完人"。每个人的性格特征中都有好的因素,也有不良的特征,要善于正确地自我评估,正确地对待自己的优缺点。好的性格便进一步巩固,有缺陷的性格要努力改造。通过取长补短来使得性格完善发展。只要肯下功夫,有意识地培养优秀品格,就可以把自己塑造成为一个性格完善和高尚的人。

善于经常性的表扬

表扬作为一种激励方法，在企业人才的管理中具有重要的作用，也是优秀领导者在企业管理工作中经常运用的御人方法。但并不是每一个领导者都会表扬的。有些领导者的性格本身就是冷漠，因此他对员工有什么优点常常是看不到的。对于领导者来说，善不善于表扬不仅仅是管理风格问题，而且更多的是性格问题。

适度和巧妙的表扬，能够激发员工的工作积极性、主动性，使其日常工作中的良好行为得到巩固并发展，促使员工向好的方面转化。同时它还能激励所有的员工模仿这种被表扬的行为，实现企业的良好风气。在企业中，领导者提倡的东西往往成为员工学习的榜样，能够起到带头示范作用。同时，员工对领导者的行为极为敏感，员工往往十分看重领导者对自己的辛勤工作的关注与肯定，如果领导者注意他们的长处，并及时地向他们提出真诚和切实的表扬，他们往往能够对工作产生高度的责任感和自信心，同时会更加尊重和信任领导者，进而改善管理关系，提高管理工作效率，为企业获取丰厚的利益。在表扬中必须注意以下问题：

一、注重表扬方法

表扬的方法很多，最主要的表扬方法有直接表扬和间接表扬两种。直接表扬也叫当面表扬。领导者在和员工见面的时候，对他的成绩和进步当面称赞几句，就能起到很好的激励作用；在日常工作的会议中，对员工进行表扬往往能够更好地起到示范作用。间接表扬法是指表扬对象不在场的表扬，即进行背后表扬。间接表扬，无论是在会议上或个别场合大都能传达到被表扬者。这除了能起到直接表扬的激励作用外，还能使被表扬者觉得领导者对他的表扬完全是出于真诚的，是实事求是的，因而更能激发被表扬者的工作热情。因此，领导者如果想表扬某人，不便当面提出时，就可以在他的同事面前将他称赞一番。很快，这种表扬就能传递到被表扬者那里。

二、抓准表扬时机

表扬的时机一般应该以及时为佳，适当的表扬是优秀领导者的明智的选择。领导者要有随时发现优秀的人才和优良的行为的眼光，对这些人和行为立即进行表扬，这样往往能够起到最大的强化作用，使被表扬者能够趁热打铁、再接再厉做出更大的贡献，同时也向员工树立了现实的模范。

三、分清表扬对象

优秀的领导者，对不同的对象可以采取不同的语气和表扬方式。对有威望的长者的表扬，就必须十分敬重，不妨谈谈长者在企业服务的资历；对年轻人的表扬，在语气上就可以适度夸奖，以激励年轻人更好地工作；对心思机敏的员工，三言两语的表扬就足够了，因为他能够心领神会；而对疑心比较重的员工，任何表扬都应该明显，否则很有可能会被认为是变相地讽刺他。

领导者要对鲶鱼型人才善于表扬，表扬往往能让这些人才发挥自己最大的潜能，而且能够得到这些人的信服。

纵容下属必自食其果

纵容下属必自食其果，这是管理工作中铁的教训。现代企业管理推崇"以人为本"，是要把鲶鱼型人才摆在主体的地位上来考虑。尊重他们的人格，体察他们的性情，重用他们的能力；但这绝不意味着以情感代替原则，以理解取消制度，因为这样只能纵容下属不合理的欲望和行为产生。要知道，这是管理工作之大忌。

作为一个管理或主管，我们提倡你对下属多宽容，少苛不责；但是，也不能宽容得过了分，变成了姑息养奸。姑息养奸不但不能让下属对你服服帖帖，反而会让你威风扫地！某位充满自信的上司曾经说过："因为我对自己的工作充满热忱，因此对于下属我也严加指导。"但是，我向他的下属探问情况时，他们却异口同声地回答我："他才不是严格，他只是喜欢挑下属的毛病而已，而且相当啰嗦！"

"叱责"，是上司对下属的行为。单以此观点而言，可说是单方面的特权，但这并不表示上司可以为所欲为叱责下属。当你在叱责下属时，对方也并非一定都会从内心深处感到懊悔，并且向你道歉。表面上他认为不要忤逆上司较好，所以始终低着头，最后冷笑一声说："不！不！你的教训相当有道理，这全都是我不好。"对于此类型的下属，你必须使他了解你叱责的缘由。或许你必须花费较长的时间与精力，但是你不可吝于付出努力。对于会产生反抗行为的下属，则要追根究底地和他争议到他能完全理解为止。

有的下属在将被叱责时，会很有技巧地支吾其词，或者将责任推到别人身上，然后逃之夭夭。应付如此狡猾的下属，你必须严厉地叱责他。假如你对此种现象视而不见，则"赏罚分明"原则便会有所疏失。

对于可能产生反抗行为的下属，你必须使其了解错处。或许对方会提出辩解，你必须静下心来倾听，然后在下属的辩解中发现他的误解之处，一旦有夸大其词、歪曲事实之嫌时，应马上指正并令其立即改善。有的下属一被叱责，便会提出冗长的辩解。你可以听听看，但不可逾越一定的程度。辩解终究是辩解，你必须命令其不可再犯相同的错误。如果碰到难缠的下属，则必须事先做好心理准备。有时因状况不同，必须分组彻夜讨论，此时你更不应该胆怯，必须具备拼命一搏的干劲才行。

完全不听下属的辩解是不近人情的行为。每个人都有自尊心，只是单方面地被叱责而无法提出解释的机会，对方必定会觉得不公平。若下属净是说些毫无意义的理由，可见他的内心此时多少已有些纷乱了！即使下属一厢情愿地以为自己的辩解得到了认同。但此想法对他而言，可说是一大安慰。预留一点余地给对方是一种美德。《孙子兵法》中曾提到要事先预留敌人的退路。就算是与你有深仇大恨的敌人，也不可将其赶尽杀绝，片甲不留。否则不仅自己受到伤害，周围的人也会感到困扰。

也有上司过分相信下属的借口，并表现太过亲切。你并不需要过分地为下属设想，缜密地思考下属的借口，设身处地为下属着想也可算是你的一项修行。你必须亲身力行才会有所助益。

有的下属会因为被叱责而显得意志消沉，也有的会吓得面无人色。

然而叱责亦是一帖好药，你可以借此期待他从失意的泥沼中站起来。当叱责对下属而言，是一个相当沉重的打击时，不妨在私下拍拍他的肩膀或握握手地予以安慰。相信这帖药方将会发挥很大的疗效。

要想不姑息养奸，就必须学会叱责下属，使他时时注意自己的言行不会过分。

切忌过分关怀

很多领导者因为鲶鱼型人才的才能，往往会对他们显示出一种过分的关怀，在这一点上领导者应当明白过分关怀就是娇纵。娇纵下属的直接后果是，你的下属因此不愿再听从你的指挥、游离于你的视线之外。产生这样的下属，正是由于你的管理工作不力。身为管理不可娇纵下属——这是一项原则。

最重要的是，你要以平等之心对待下属，并且倾听他的意见，如此对双方都有好处。教导下属是单向的，上司只能一味地付出。因此，你必须吸收对方的知识才能更进步。一个轻视下属才识、能力的上司，无论实际年龄多少，都已是迈入老化的第一期了。你要改变观念，他们一定拥有人所欠缺的某些东西。

前面谈到现代是一个不注意礼节的时代。即使我们努力使古时候的"礼节"复活，也毫无意义。专职和业余早已混淆不清。你刻意去区分它，也无法得到共鸣。一味地钻牛角尖，可能失去很多汲取新知的机会。你应当觉悟当代社会中存在的无礼节的含糊状态，而此"含糊"正是所谓的"真实"。

什么是正确的，而什么又是错误的呢？以前，若商品的说明不充分，即有可能丧失顾客的信赖。现在则不同，可能因为说明得不充分，反而引起消费者的好奇心，进而购买此项商品。以前，被叱责"不用功"而被禁止玩耍的小孩，如今可能被认为是"聪明的小孩，要疼爱他"。说错台词的演员在以前必须向众人道歉，如今的演艺人员却有可能自傲地说："大家都可以接受我临时编的台词。"这就是现今的社会,是个难以区分是非的时代。这正是一个大好的机会,由于现今一切事物的价值观非常混淆不清,即使你犯错亦不至于受到指责。有各式各样为人所接受的方式。因此,对于一些琐事最好不要太过在意。即使年轻职员的意见毫无道理,也必须认真倾听。你不需回避或觉得可耻,说不定下属的想法比一般常识更优越。

关心鲶鱼型人才而不是纵容鲶鱼型人才,其间的界限作为一个管理必须心中有数,不可逾越。

善于管理独行侠似的鲶鱼型人才

你也许遇到过这样的鲶鱼型人才,他们自恃才高八斗,对同事甚至对上司也不屑一顾,独来独往。须记住,企业是一个团体,团体中的每一个成员都应该有互相协作的精神。对付这样的下属,既不能随便解雇,但也不要让他长期如此,否则,会损害整个团体的工作效率。

"独断独行"的下属即使具有相当的实力,也极易造成上司在管理工作上的负担。面对这种类型的下属,须先好好地分析其性格倾向,等到有一番了解后,再充分地加以运用。你必须一再地向他强调事情独断的限度,同时迫其严格遵守这个界限。因为,一旦他擅自为所欲为并出了差错,再来对其叮咛已显然太迟。

独断独行型的人向来对自己的能力颇具有自信,而且总想独自一人完成任务,以赢得个人的荣耀。正因这种类型的人充满自信、而自以为是,凡事均不找领导者商量,也不保持密切的联系,完全采取独断专行的作风。因此,对领导者而言,虽然他属于自己的下属,却往往无法掌握他的行踪,也不知他究竟在做些什么,如此一来,经常不断地为他焦虑担心。管理对于这种类型的下属应多加以约束,而无论他多么具有实力,也不可交付他最重要的工作。如果领导者继续对其放任不管的话,必将产生无法弥补的局面。因此,领导者千万不能将重要的工作交予他。

领导者向这种类型的下属交付工作时,必须以柔和却坚持的态度叮咛他："关于这件工作，我很信赖你才交给你去做，但是请你务必不要忘了随时和我保持联络！"此外，不妨让他随身带着手机或其他通信设备，定时与他保持联系。

管好独行侠，不让他独来独往，是一个领导者必备的能力。

培养管理鲶鱼型人才所需要的性格

以下是领导者所需要优化的性格，它们是作为一个成功人士必须具备的。

一、把握今天，珍惜时间的性格

领导者要学会确定一天的目标，要知道该去做什么和不该做什么。自己掌握着时间，自己控制着一切。如果一切都由别人驱使，那么生活也就失去了意义。因此领导者成就感的本质就是创造属于自己的每一天。

而创造今天请从一天而非一生的目标做起，对于人来说所能掌握的一切就是今天，而今天就是人这一生的转折点。从今天开始，曾经对人冷漠的人，开始对每一个遇到的人都热情地打招呼；今天开始，曾经对人疑虑重重的人开始放开胸怀。人们没有必要为今天自己成功的欲望而羞耻，也不必要为明天将遭受到的失败而恐慌。人们不要为现在的渺小心愿而自卑，而要为未来的碌碌无为而惊奇。为了将来能够取得更好的成绩，人们应该培养自己把握今天，珍惜时间的性格。

二、勇敢而且果断的性格

成功是对勇敢者的奖励。一个没有勇气、优柔寡断的人是断断不能成功的。勇敢是成功的本质，而追求成功就要能为他人之所不能为、不敢为，事事敢为天下之先锋。领导者一定要有勇敢的性格，在遇到重大决策时，一定要果断做出决策。成功的人之所以成功往往是因为他们发现了成功的机会，并且勇敢地抓住了它。而失败的领导者之所以失败是因为他们发现了机会，而没有意识到这个机会将带来的利益或者虽然意识到了机会带来的利益，但是害怕抓住机会时需要承担的风险。

三、永远坐在最前面

"永远坐在最前面"是一种积极的人生态度，激发领导者一往无前的勇气和争创一流的精神。在这个世界上，只有坐在最前面的人才有可能获得最大的利益，当然也需要承担一定的风险。永远坐在最前面意味着必须发挥自己的潜力，采取更加有效的方式来完成好工作。这才是真正的敬业，而不是按部就班。领导者永远要学会坐在最前面，永远都要以主人公的精神为企业谋求更大的发展。对于领导者来说，所要做的不是守成，而是创新。永远坐在最前面是一种锐意进取的性格。

四、永远坚持下去

有学生问大哲学家苏格拉底，怎样才能学到他那般博大精深的学问。苏格拉底并没有直接作答，而只是说："今天我们只学一件最简单的事情，这就是每个人把胳膊尽量往前甩，然后再尽量往后甩。"苏格拉底示范了一遍说："就从今天开始，每天做300下，大家能做到吗？"学生们都笑着回答说这有什么难的？过了一个月，苏格拉底问学生们："哪些同学坚持了？"有90%同学举起了手。过了一年，苏格拉底再一次问大家："最简单的甩手动作，还有哪几位同学坚持了？"最后整个教室里只有一人举了手，而这个学生就是后来成为古希腊另一位大哲学家的柏拉图。领导者渴望成功，渴望知道管理成功的秘诀。但是这个秘诀其实很简单，就存在我们做人做事成功之中，就存在日复一日、年复一年的坚持之中。杰克·韦尔奇这样说过:"没有什么细节因细小而不值得你去挥汗,也没有什么大事大到尽了力还不能办到的。"领导者对日常工作一定要有信心,将它作为一种事业,而不是简单的谋生手段。在遇到难题时,要能有耐心地解决难题,这样才能在工作中做出自己的成绩来。

　　思路决定出路,性格决定命运。众多领导者在管理鲶鱼型人才时的失败很大程度上是因为自己的性格不适合管理的要求,因此领导者要适度地内敛,将做人的标准和做事的标准,做人的原则和做事的原则分开来对待,千万不要在管理的过程中让所有的鲶鱼型人才都来适应自己。

管理风格的培养

不同的人有不同的管理风格，管理风格比较民主和开通的，管理活动就进行得比较顺利，管理风格比较专制和独裁的，管理活动就困难重重。在所有管理风格中有三种管理风格是管理中极为不好的，但是也是比较常见的。

第一种管理风格是独裁。独裁是指领导者大权在握，唯我为是，从不顾及其他人的意见和情绪。这种管理风格只会导致民怨沸起，阳奉阴违。不论是错误的决策还是正常的决策，都难以得到贯彻执行，即使执行，效果也是很不好的。而且如果长时间如此，领导者将被孤立起来。整个企业变得毫无生机和创造性，员工变成了执行领导者决策的机器。

第二种管理风格是折中。折中是指领导者在管理活动中，采取息事宁人的方法，实行折中方案。这种管理风格看似不偏不倚、客观公正。但实质上是有意无意地偏袒了某一方，进而伤害了另一方。因为管理活动所涉及的对象和事物彼此之间不可能完全对等。但领导者把它们对等看待，这就是强行地制造良莠不分的局面。这种管理风格往往会引起下属的极大怨愤，阻挠下属坚持正确的是非观念、提高工作的积极性。

第三种管理风格是放任自流。放任自流是指领导者对管理事务撒手不管。虽然有了决策，有了计划，但是到底有没有有效的执行，领导者不管，甚至决策的制定和实际操作，他都不管。员工可根据自己的愿望自由地操纵管理活动的发展进程。这种管理方式表面看来是给员工以极大的自由度并充分相信他们的能力与态度，让他们放开手脚发挥自己的主动性和创造性。但实际上这是一种极端不负责任的态度。一项管理活动，必须通过一定的规范对参加活动的成员有一定的约束，才能有条不紊地进行活动。这些约束应该通过领导者制定规则来形成，而不是由员工自行决定。否则很容易出现各自为政的局面。放任自流的管理风格是对规范操作的极大破坏，它是领导者管理能力贫乏的表现。

以上三种管理风格都将引起极为恶劣的效果。因此中小企业领导者在管理中应该竭力避免或及时改正。

不同的领导者在对待同一件事件时，会产生截然不同的价值；同一领导者在对待不同事件时，也会产生不同的价值。表现价值如何很大程度上是领导者管理风格的表现，中小企业领导者要培养自己的统帅气度，首先就必须培养一种统帅的管理风格。统帅的管理风格最突出的表现就是民主和集中的统一。领导者是民主的，他尊重每一位员工的意见，同时也虚心接受正确的意见；领导者同时是集中的，他对管理有最后的决策权。只有民主是放任自流的管理风格，只有集中而没有民主则是独裁的管理风格，这两种管理风格都是领导者必须竭力避免的。在管理活动中，领导者的统帅气度还表现在战略眼光上，领导者所思考的问题是企业发展的根本问题，如方向问题，而不应该是企业的基本事务。领导者通过制定详尽的规章制度和适度的授权，将基本事务的处理逐渐规范化和体制化，领导者从繁重的日常事务中解脱出来，就能将大多数时间和精力用于对企业发展的思考。这也是领导者统帅气度体现的主要方面。

对待鲶鱼型人才，要有一种比较开明的风格。开明的管理风格往往促使鲶鱼型人才为企业不遗余力地贡献力量。

领导者的艺术

领导者是一门科学，更是一门艺术，领导者要实现对鲶鱼型人才的有效管理，就必须完善自己的领导者艺术。

具有统帅气度的领导者一般具有以下六个方面的特征：

一是客观。调查研究，根据实际情况做决策。具有统帅气度的领导者一般会十分客观地看待问题，而很少根据自己的主观情感来做决策。

二是全面。具有统帅气度的领导者往往从全局着眼，局部利益服从整体利益，坚决执行领导者的指示，同时也要求员工对自己的决策不折不扣地完成。

三是开拓创新。具有管理气度的领导者敢于根据实际情况突破旧框框、老经验，看准了的事坚决做，看不准的事试着做，有冒险家的精神和企业家的谨慎。

四是细致。具有统帅气度的领导者所进行的工作是相当耐心细致，这并不代表领导者不能把握大局，领导者对有分歧意见的员工往往采取比较民主的态度，通过疏导说服的方法来统一认识。

五是讲求突破。说老实话，办老实事，说得出，做得到。在领导者不搞严重的官僚作风，也不掩盖工作中的不足，并能及时地纠正自己的错误。

六是尊重员工。具有统帅气度的领导者善于倾听员工的意见和建议，特别注重批评意见，密切联系员工，善于集中员工的智慧和创造，共同把管理搞好。

不具有统帅气度的领导者一般是主观主义比较严重的人，他们的主要特征是：

一是主观。这样的领导者往往凭主观意愿、个人感觉、狭隘经验做决断，不调查，不研究，瞎指挥。

二是片面。这样的领导者执行领导者的决策时，往往不结合具体情况，照抄照转，搞一刀切，上下一般粗，到处一个样，或者把局部的经验，夸大为普遍适用的规律。

三是保守。这样的领导者因循守旧，安于现状，我行我素，墨守成规。

四是粗暴。这样的领导者往往通过强迫命令，以势压人，动不动就训人、骂人，根据自己的好恶来处理问题。

五是追求形式。这样的领导者往往喜欢做表面文章，把工作停留在嘴上和纸上，看起来很有气度，但实际上却是最没有气度的表现。

六是轻视员工。这样的领导者往往认为自己相当高明，听不进不同意见，特别是来自员工的意见。其结果是使得员工在管理中不能发挥主观能动性。

没有统帅气度的领导者最容易犯以下方面的毛病：

一是不能把细节组合起来。一个有气度的领导者需要具备组合和控制细节的能力，任何一个成功的领导者都不会因为太忙而无法做一些属于领导者必须做的细节事情。

二是不同意为他人出力。任何真正有气度的领导者都会做他人要求他做的事情，只要这些事情是必须做的。如果其他人依靠了他，那么他的管理决策将会更加有效。有气度的领导者是乐于为员工服务的。

三是只知道说而不知道做。领导者的气度有无并不是看领导者怎么说，而是看领导者怎么做。同样他人也不会因为领导者说了什么而对领导者有所佩服，只会因为领导者做了什么并推动员工去做而对领导者产生钦佩之情。

四是害怕员工的竞争。如果一个领导者害怕员工中有人想占据他的职位，那么他的担心迟早会成为现实，他一定会被别人取而代之。一个领导者不可能永远在自己的岗位上工作，领导者与其被动地接受离职的事实，倒不如主动地培养接班人，诚心诚意地把他的具体工作委托给这些人去办。一个有气度的领导者能够通过员工对其工作的认识和他的人格魅力，大大提高员工的工作效率，进而获得员工的更多支持。

五是缺乏想象力。有气度的领导者应该有丰富的想象力。如果领导者缺乏想象力，就无法应对紧急情况，也就无法做出有效引导员工的决策。

六是以自我为中心。一个有气度的领导者往往不会将工作推给员工而将荣誉归于自己。因为这样做注定会引起不满。一个有气度的领导者往往不要求得到任何荣誉，如果有荣誉，他会很高兴地将荣誉归于员工。因为他知道员工的工作热情更多地来自受到重用和嘉奖，而是来自金钱的刺激。

七是对自己没有节制。员工不会尊重一个对自己没有节制的领导者。对于有气度的领导者来说，不论什么事情都要有节制，毫无节制的领导者是没有影响力和号召力的。

八是不忠诚。一个有气度的领导者会无条件地对自己的企业忠诚。不忠诚的领导者往往说明领导者道德水平太低，这样只会使别人看不起自己。

九是计较名利地位。有气度的领导者不需要用名利地位来赢得员工的拥护，对此过分计较的领导者往往是没有多大能力的人。优秀领导者的办公室大门永远是敞开的，他在工作的地方是不拘礼节不讲排场的。

十是滥用领导者的权威。一个有气度的领导者懂得如何通过鼓励来教育员工，而不是通过吓唬人来领导员工。想用权威镇住员工的领导者往往是十分粗暴的领导者。一个有气度的领导者需要的不仅仅是权威，更多的是人格魅力。

重视战略

有气度的领导者是必须有战略思维的,战略思维又称全局性思维,它是指领导者具有洞察全局、思考全局、谋划全局、指导全局、配合全局的思考能力和工作能力。战略观能够充分表现领导者的气度,鲶鱼型人才也往往因为领导者的正确战略而心服口服,当然也会对领导者的错误战略多加指责。

古人说,不谋全局者不足谋一域。讲全局、懂全局、谋全局是领导者必须具备的一种素质和能力。对于领导者来说,考虑任何问题都要着眼于长远、着眼于全局,眼界要非常开阔,胸襟要非常开阔,要从大事看问题。领导者在实际工作中,想问题、办事情、做决定都应正确认识全局与局部之间的关系,搞清楚局部对全局、个体对整体的依赖关系,搞清楚以局部需要服从全局需要的道理。不能只从局部出发,不顾全局。当然这并不是说局部不重要,毕竟全局是由一个个局部组成的,如果没有局部,就不可能有全局。有气度的领导者要能够独当一面地所从事的工作同整个企业的发展联系起来。在企业管理活动中,全局起着决定性作用,企业全局利益是最高利益,只有企业全局搞好了,从能根本上说有利于企业局部的发展。因此有气度的领导者在当全局利益和局部利益发生矛盾时,局部利益必须服从全局利益。

有气度的领导者往往具有长远眼光,能正确处理暂时利益和长远利益的关系。企业所争取的就是利益。有气度的领导者能站在全局的高度,处理好全局与局部的关系,也就是处理好各种利益关系上的诸多矛盾。如果领导者只顾眼前和局部的利益，搞上有政策，下有对策，最终也会危害本部门的长远利益和根本利益。因此这就要求领导者在对某一局部的工作做出重大决策时，要注意统筹兼顾，全面安排。既要立足现在，又要顾及长远、顾及未来。有时为了全局的长远的利益，甚至要牺牲局部的眼前的利益。千万不要囿于一时而丢了长远，毕竟不谋长远者不足谋一时。任何短视的想法和行为都是有气度的领导者不应该存在的。

世界上任何事物都是互相联系、互相依存、互相制约的。有气度的领导者要总揽和驾驭全局，必须学会辩证思维，不搞形而上学。不能用静止的、片面的、孤立的观点去分析研究客观事物。如果就局部论局部，就眼前论眼前，势必会使领导者的思维方式就会变得目光短浅，心胸狭窄，安于现状，墨守成规。因此有气度的领导者要提高战略思维的能力，在做决策的时候，应该广泛地思考决策执行所涉及的方方面面。

作为有气度的领导者不仅要像一个高明的战术家一样去完成每一件事，更应该以一个战略家的姿态未卜先知，抢占制高点，从而在新的变化面前从容不迫。领导者的战略观是指领导者对管理活动全局的分析判断后而做出的筹划和指导。它要求领导者从整体、长远、根本上去观察问题。

对于领导者来说，战略观是建立在以下三个层面上的：

一、全局性

全局是由各个局部有机结合而成的，这种有机的结合就产生了整体大于部分之和。领导者重视全局，从全局出发来思考问题和做出决策是相当有必要的。

二、具有长期性

战略是一个在较长时间中起作用的谋划和对策。正确的战略是根据管理活动发展变化的趋向而制定的，在趋向发生根本逆转之前，不应该随意更改。领导者的战略立足点是现在，而着眼点是未来。

三、具有相对性和层次性

由于全面和局部的划分是相对的，因此局部应该服从全局，低层次的战略应该不违背高层次战略的要求。

有气度的领导者必须高度重视战略问题，树立战略观念，不能只靠领导者的直觉来做出管理的决策，因为这样做往往带有很大的盲目性。对于领导者来说，如果决策失误往往会造成无法弥补的巨大损失。因此，领导者只有通观全局，长远考虑，研究规律，才能成为有气度的领导者。

事必躬亲的领导者不是有气度的领导者，领导者应该适当地放权，这样既能让工作更好地完成，又能体现领导者的气度。

英明决断

决断是领导者依据自己的知识、经验，直接对非规范性事件及重大问题所做的决定和判断。领导者需要管理的日常事务往往有比较成熟的规范来处理，因此领导者往往要做的决断是针对非规范性事件和重大问题的。

决断和决策不同。决策是指对方案的选择，决断是对非规范性事件或问题的一种判断和回答；决策的对象一般是重大问题和战略性问题，而决断的对象主要是大量的非规范性的日常管理中的问题；决策往往要严格按照程序进行，而决断很多时候都是没有程序的。

决断的基本要求是及时和明确。在实际工作中，领导者常会遇到一些非程序性问题，这样的问题往往比较急迫和比较棘手。对这些问题领导者既不能回避也不能推脱，因此必须运用自己的知识和经验，果断地定下决心，及时明确地答复处理。这种能力的强弱就是领导者统帅气度的重要表现。

做一个正确和及时的决断的要求主要有：

一是广泛听取员工的意见，不要武断。决断就其形式来看，是领导者个人的决心。但从决断的内容和过程来看，领导者除了运用自己已有的知识和经验外，还应尽量多听听员工的意见，以弥补自己知识和经验的欠缺，进而使自己所做的决断更加正确。当然，由于决断的紧迫性，当领导者向员工询问时，只需要提出的几个方案让他进行选择，比较得失正误，进而做出最佳抉择。如果领导者没有现成的方案，这时就要共同商量解决。在决断过程中，领导者千万不能主观武断。因为领导者的知识和经验受客观条件制约和主观努力影响，不可能达到无所不通、无所不能的程度。领导者的知识和经验适用范围也是有限度的，但需要做决断的问题又是无限的。因此，这就要求领导者在做决断时，广泛听取员工的意见。

二是顺势决断。领导者在决断时要顺应和利用事物的发展规律。诸葛亮对孟获七擒七纵，使孟获深受教育，感恩戴德。七擒七纵，就是顺应当时的形势，顺应交战双方的心理规律，最后使得孟获俯首称臣，使刘备称雄西蜀。因此顺势决断往往能够取得预期的效果。中小企业领导者顺势而断就要求领导者既要对问题发生原因有深入的了解，同时对问题的发展趋势有比较准确的把握。

三是权衡利弊。领导者做任何决断，都要权衡利弊。两利相权取其大，两弊相衡取其轻，做到不以小利害大利，不以小局害大局，不以眼前害长远。领导者在权衡利弊时必须保持清醒的头脑，不能被假象所迷惑。同时还不能以个人好恶做决断，不要好大喜功。对于已有的私心杂念要果断抛弃，不得以个人得失论危害，也不要以个人利益多少来作为决断的依据。

四是顾大抓本。领导者要抓住根本性和全局性的东西。对于有气度的领导者来说，一是要抓大事，不要什么事情都想抓都想管。毕竟领导者的精力是有限的，如果都抓，什么都管，势必会造成大事抓不住，小事抓不完。二是要努力提高领导者自身的素质。学会运用矛盾分析的方法，抓住了主要矛盾和矛盾的主要方面，这样才能抓住问题的根本。

五是是非分明。一个有气度的领导者的智慧表现在回答员工问题时，能肯定哪些是正确的，哪些是错误的；对问题的理解精辟深刻。但是在现实管理活动中，有的领导者往往是非不明，这也许并不是水平不行，而是私心太重，怕担负责任。在回答员工的问题时，这样的领导者显得比较客气和谦虚，可是所说的话都是很模棱两可的，而且喜欢说一些空话和套话来回复员工，这种做法就是敷衍。

六是及时决断。领导者在做决断时，很重要的一点就是要有自己的见解，能够凭借自己的知识与经验，通过自己缜密的思考，做出独立的决断。特别是在集体讨论时，领导者要及时分析综合，要有做决断的智慧和勇气，很多领导者之所以没有气度，关键不在于能力，而在于没有勇气和魄力。果断决策和武断专行是有着本质区别的，区别的根本标志就在于决断之前是否有民主。疑虑重重的领导者往往发扬了民主后更难做出决断。领导者在做决断时要坚决果断，敢于拍板。对于领导者来说，三思而后行是必要的，但不能顾虑太多、犹豫不决。有三种情况是领导者必须竭力避免的：一是在决断时看起来想得很周到，各种细微末节全都考虑周全了，但是在翻来覆去的考虑当中，把最关键的和有决定意义的东西给淹没了；二是决断的时候顾虑太多，犹豫不决，结果坐失良机，追悔莫及；三是在决断时主意不定，反复无常，使员工无所适从，管理工作无法开展。

七是深思熟虑。领导者要尽量做到对所决断的事情有透彻的了解，把利弊得失都考虑清楚详尽，然后再做决断。深思熟虑的根本标志就是看是否抓住了问题的根本，是否掌握了事物的本质和规律。同时，

处理问题必须要果断和迅速，但果断和迅速不等于草率、不等于匆忙。领导者在处理矛盾时必须注意避免矛盾激化。如果员工发生严重过失，心理十分恐慌，领导者就要进行对问题进行冷处理，以免扩大事态程度或改变问题性质。领导者决断最关键的因素就是掌握决断的时机，领导者必须等待时机成熟再做决断。有的问题，当时处理条件不够具备，处理完了会留下后遗症。这些问题就必须采取缓慢处理的办法。领导者决断的根本目的是把事情办得更好。缓慢处理问题能够给领导者留有充分考虑的时间，在这样的情况下，领导者就可以把问题想得更细更周到些，避免某些失误，以便问题处理得更圆满。领导者处理问题时一定要冷静，要考虑周密，不要急躁，不要盲目蛮干。人一旦处在激情状态下，思维的容量就会变窄，思维的深度就不够了。因此，必须学会沉着冷静。

八是善择时机。机会对一个决断者来说十分重要。机不可失，时不再来。领导者的聪明不在于懂得灵活处理问题的重要，而在于按照具体情况，善于及时地对问题记性处理。要学会善择时机的聪明是不容易的，它需要领导者勤于考察和思索。领导者可以通过持重待机来训练选择时机的能力。领导者要决断某个问题时，要认真研究这个问题的各个要素，在诸多要素中把握主要矛盾，再在影响主要矛盾的各个方面把握住矛盾的主要方面。在掌握了这些情况以后，最关键的还是要看解决这个问题的主客观条件是否具备。如果条件不具备，领导者一定要慎重从事，不要匆忙决断。领导者可以采取等待时机的办法，等到解决主要矛盾和主要矛盾方面的条件已成熟。领导者也可以通过当机立断来训练选择时机的能力。条件已经成熟或基本成熟，或者在等待时机的过程中出现了良好的时机，领导者就要毫不犹豫地下定决心，做出果断处置。如果错失良机，领导者往往会把事情搞得更难处理。领导者还可以通过随机应变来训练选择时机的能力。需要决断的事情，其主客观条件总是在发展变化的；已经决断了的事情，也可能在执行过程中情况发生重大变化。在这种时刻，领导者要能随着时机和情况的变化而变化，做出比较符合实际的处置。

九是留有余地。领导者在做决断时，一定要留有余地，不要满打满算。因为情况不明、判断不准，往往需要做出某些修正或更改。领导者只有留有余地，才能使得修正容易许多，否则决断就会造成重大的不便。

十是勇于创新。决断的生命力在于它的创造性。创造性思维必须有新意，敢于想前人所未想，做前人所未做的事。勇于创新是建立在科学的基础上，任何创新的想法都必须切实可行，不能务虚。

决断是一门学问，这门看似简单的学问其实最难，鲶鱼型人才往往会对决断提出不少意见，这些意见都可以拿来参考。当然领导者做决断应该是独立的，而不应该受到鲶鱼型人才的干扰。

正确处理矛盾

　　世界是矛盾的，没有矛盾就没有世界。任何一个企业都存在矛盾，没有矛盾的企业是不存在的。领导者在工作中时时处处充满矛盾。从某种意义上说，管理工作就是解决矛盾。

　　在企业中，因为员工和领导者各种方面的差异，使得彼此之间难以协调一致，因而经常容易造成工作中的冲突。因此对于领导者来说，必须有处理矛盾的能力和正确处理矛盾的气度。这也是统帅气度的重要方面。在处理矛盾的过程中，领导者必须从团结的愿望出发，与人为善，以理服人。

　　处理矛盾的主要方法有：

　　一、矛盾不积累，及时解决

　　解决企业内部的矛盾要及时，不要等问题成堆才着手解决。如果矛盾积累多了，许多问题交织在一起，互相牵制，会使简单矛盾复杂化，单一矛盾扩大化，解决矛盾的难度就要增大。企业有了矛盾不能积累，及时解决往往费力小，能收到事半功倍的效果。对于领导者来说，要善于及时发现和抓住集体问题中的矛盾，善于分析矛盾的原因，积极主动地解决矛盾，而不能睁只眼，闭只眼，搞毫无原则的合作共事。

　　二、正视矛盾，不回避矛盾

　　回避矛盾，不仅不能解决问题，反而会使问题复杂化，后患无穷。真正做到正视矛盾，不回避矛盾，就要拿起批评与自我批评的武器，大胆解决存在的各种矛盾。领导者处理矛盾时，在思想上要克服那种照顾面子，不愿批评，怕伤和气，不敢批评的倾向。在批评的时候，要坚持实事求是，开诚布公，与人为善，有理有据。

三、单一矛盾不扩大，注意个别解决

企业内部的矛盾一就是一，二就是二。如果是个人之间的事情或者属于一个人的问题，就应该单独解决，对于这类矛盾千万不要扩大范围，领导者应及时做好工作，使矛盾迅速得到解决，不致影响到集体。

四、不要急躁地处理复杂矛盾

企业内部有时候矛盾很复杂。一是因为牵扯的人较多，二是因为各种矛盾交织在一起使得认识上差距拉大，难以统一。针对这种矛盾，领导者要善于等待时机。只有正确把握了时机，才能积极创造条件，抓紧时间，进一步调查分析，采取实际步骤，把复杂矛盾简单化，等待恰当时机，着手解决。

五、矛盾立足于自己解决

一般的矛盾通过自身能力来解决，上面插手有时反倒不利于问题解决。当然，有些原则性矛盾或自身难以解决的矛盾，可以适当地求助于领导者。立足于自身解决，关键是要增强自身解决问题和矛盾的能力。一个有气度的领导者必须有独立解决矛盾的能力。

六、不要僵持，不要硬解矛盾

管理中有的矛盾处于一种僵持状态，按照常规的方法，做一两次调解，难以奏效，甚至有激化的趋势，成为棘手的难题。这时领导者就应该寻找第三条通道，采取迂回的方法去解决。这样往往能找到解决矛盾的最佳途径。对于领导者来说，既要把握解决矛盾的目标，又

要坦诚相见，分析原因，抓住关键，选好突破口，将矛盾迅速解决。

鲶鱼型人才在组织中发生矛盾是再正常不过的事情，领导者解决矛盾应该用比较妥当的方法来解决矛盾，而且要考虑到矛盾的遗留问题，不要让遗留的问题影响到企业的发展。

第7章　鲶鱼型人才的冲突和忠诚问题

　　鲶鱼型人才在组织中和其他成员发生冲突是在所难免的事情，毕竟领导者引入鲶鱼型人才是希望打破一潭死水的局面，给组织以新鲜气息和活力。

处理冲突的基本原则

领导者处理冲突，首先必须确认哪些冲突是消极冲突，那些冲突是非消极冲突。对于消极冲突，领导者自然应该尽量使用各种手段将冲突迅速消除；但对于非消极冲突，领导者需要积极地引导，以促使非消极冲突变成对组织有利的因素。

1860年，林肯当选为美国总统。有一天，有位名叫巴恩的银行家前来拜访林肯，正巧看见参议员蔡思从林肯的办公室走出来。于是，巴恩对蔡思十分了解，于是对林肯说："如果您要组阁，千万不要将此人选入，因为他是个自大的家伙，他甚至认为自己比您还要伟大得多。"林肯笑了："呵呵，除了他以外，您还知道有谁认为他自己比我伟大得多的？""不知道"巴恩答道，"您为什么要这样问呢？"林肯说："因为我想把他们全部选入我的内阁。"

事实上，蔡思是个极其自大且妒忌心极重的家伙，他狂热地追求最高领导者权，不料落败于林肯，最后，只坐了第三把交椅——财政部长。但这个家伙确实是个大能人，在财政预算与宏观调控方面很有一套。林肯一直十分器重他，并通过各种手段尽量减少与他的冲突。

后来，《纽约时报》的主编亨利·雷蒙顿拜访林肯的时候，特地提醒他蔡思正在狂热地谋求总统职位。林肯以他一贯的幽默口吻对亨利说："你不是在农村长大的吗？那你一定知道什么是马蝇了。有一次，我和我兄弟在农场里耕地。我赶马、他扶犁。偏偏那匹马很懒，老是磨洋工。但是，有一段时间它却跑得飞快，到了地头，这才发现，原来有一只很大的马蝇叮在他的身上,于是我把马蝇打落了。我的兄弟问我为什么要打掉它,我告诉他,不忍心让马被咬。我的兄弟说:哎呀,就是因为有那家伙,马才跑得那么快的呀。"

林肯就是如此处理非消极冲突的。

对于领导者来说,处理管理中的冲突并不需要太多的原则,只需要记住两点,所有的冲突的处理都不是太难的事情。

一是要学会感激。著名成功学家安东尼指出:成功的第一步就是先存一颗感激的心,时时对自己的现状心存感激,同时也要对别人为你所做的一切怀有敬意和感激之情。如果你接受了别人的恩惠,不管是礼物、忠告,或帮忙,而你也够聪明的话,就应该抽出时间,向对方表达谢意。无数的事实证明,及时回报他人的善意且不嫉妒他人的成功,这不仅会赢得必要而有力的支持,而且还可以避免陷入麻烦。嫉妒逼人不仅难以使自己"见贤思齐",虚心向善,而且也会影响自己的心情和外在形象,更主要的是,这会使自己失去盟友和潜在的机遇,甚至还会树立强敌——因为一般来说,被别人嫉妒的人应该不会是弱者,以"一报还一报"的心理,他也不会对你太客气。

二是一切着眼于未来。就像女孩子需要真诚地去追求一样,领导者处理冲突是需要一些耐力的。在这个意义上,宽容就是耐心,就是给第二次机会。即便有过一次背叛和冒犯,但只要不是死怨,就要以一切着眼于未来的心态,给对方改正的机会,从而有助于重新合作。事实上,这种机会往往也是给自己的,就像自己会荒唐,会短视,会无意冒犯别人一样,别人也是可以原谅的,但同样的错误只能犯一次,确认可以无意一次，却不可能无意二次。要学会对事不对人，在你给别人第二次机会之前，一定要告诫自己"是事错了，而不是人错了"。这样你就可以给他一个完整的机会。对于领导者来说，使未来显得比现在重要，也是利于促进合作的。

领导者对鲶鱼型人才要有一种宽容的态度，不要过于苛刻和指责，要让他有发挥自己作用的空间，而不要用各种各样的条条框框限制他的行动。

处理冲突的技巧

领导者处理冲突是有技巧的，对于发生冲突的双方，领导者要区别对待，千万不能采取断然措施将他们全部炒掉，以保持组织的纯洁度。因为这样的结果肯定是你得到的是一个非常听话然而却平庸无比的团队——根本无从创造更高的管理绩效。

对于领导者来说，要想处理好冲突，首先必须了解公司中的刺头，事实上这类人往往一方面具备成为鲶鱼型人才的潜质，另一方面这类人又是引起冲突的根源，只有对他们进行充分的了解，才能够更好地解决冲突。我们可以将这些较为典型的"棘手"人物分为以下三类：

一、有背景的员工

这些员工的背景对领导者来说，是一个现实的威胁。"背景"就是他的资源，可能是政府要员，可能是公司的领导者，也可能是你工作中的某个具有重要意义的合作伙伴。这些背景资源不但赋予了这类员工特殊的身份，而且也为你平添了许多麻烦。这些员工在工作中常常展现他们的背景，为的是获得一些工作中的便利。即便是犯了错，某些"背景"也可能使他们免受处罚。

二、有优势的员工

这些人往往是那些具有更高学历、更强能力、更独到技艺、更丰富经验的人。正因为他们具有一些其他员工无法比拟的优势，所以能够在工作中表现不俗，其优越感也因此得到进一步的彰显。这种优越感发展到一定的程度时，直接体现为高傲、自负以及野心勃勃。他们往往不屑于和同事们做交流和沟通，独立意识很强，协作精神不足，甚至故意无条件地使唤别人以显示自己的特殊性。

三、想跳槽的员工

他们显然是一些"身在曹营心在汉"的不安分分子，这些人往往是非常现实的家伙，他们多会选择"人往高处走"。如果仅此而已，也就罢了，但偏偏有些人觉得，反正是要走的，不怕你公司拿我怎么样，临走前就干脆摆出一副"死猪不怕开水烫"的姿态，不把公司的制度和管理规范放在眼里，工作消极，态度恶劣，甚至为了以前工作中的积怨，故意针对某些领导者和同事挑起组织冲突，到最后，人虽然走了，但留下的消极影响却很长时间无法消除。

对待上面三种类型的员工，领导者要采取不同的管理策略：

对待那些有背景的员工来说，在工作能力上，这些人不一定比其他同事强，但是，他们的心理状况一般好于他人，做人做事方面更自信，加上背景方面的优势，更能发挥出水平。对于这种人，最好的办法是若即若离，保持一定的距离。如果在工作中有上佳表现，可以适当地进行褒奖，但一定要注意尺度，否则，这些人很容易恃宠而骄，变得越来越骄横。

对于那些有优势的员工来说，他们并不畏惧更高的目标、更大的工作范畴、更有难度的任务，他们往往希望通过挑战这些来显示自己超人一等的能力以及在公司里无可替代的地位，以便为自己赢得更多的尊重。因此领导者如果善于辞令、善于捕捉人心理，就可以试着找他们谈谈心、做做思想工作。如果领导者并不善于辞令，那么就要注意行动。行动永远比语言更有说服力,在巧妙运用你的权力资本时,为这些高傲的家伙树立一个典范,让他们看看一个有权威的人是怎样处理问题、实现团队目标的。

对于那些想跳槽的员工,机会、权力与金钱是他们工作的主要动因。因此领导者在对这些员工进行管理的过程中,要注意以下一些原则:一是不要为了留住某些人轻易做出很难实现的承诺,如果有承诺,一定要兑现,如果无法兑现,一定要给他们正面的说法。千万不要在员工面前言而无信,那样只会为将来的动荡埋下隐患;二是及时发现员工的情绪波动,特别是那些业务骨干,一定要将安抚民心的工作做在前头。

下属之间在工作中难免会出现冲突,因此领导者需要有解决冲突的计策。正如孙子兵法所说:不战而屈人之兵是上上策。对于领导者来说,将冲突控制在发生之间也是上上策。因为下属之间发生了矛盾无论解决得如何好,都会在下属双方的心里烙下印记,这就像写错了字,再好的橡皮和再高明的涂改技术都会或多或少留下痕迹,不如最初不发生。因此,作为企业的领导者,与其天天忙碌着解决下属之间的矛盾,提高解决矛盾的技巧,不如千方百计地提高防患于未然的本领,从根本上防止矛盾的发生。

我国流传着这么一个故事:有一次,魏文王问名医扁鹊:"你们家兄弟三人,都精于医术,谁的医术最高呢?"扁鹊答道:"我大哥最好,二哥次之,我最差。"文王再问:"那么,为什么你最出名呢?"扁鹊答道:"我大哥治病,是治病于病情发作之前。由于一般人不知道他事先能铲除病因，所以他的名气无法传出去；我二哥治病，是治病于病情初起时，一般人以为他只能治轻微的小病，所以他的名气只到本乡里。而我是治病于病情严重之时，一般人都看到我在经脉上穿针放血、在皮肤上敷药等大手术，所以人们都认为我的医术最高明。"

从这个故事不难看出，下属之间的矛盾有利于领导者的管理，但是不利于组织目标的实现。因为对待下属之间的矛盾，从管理学控制论的角度看，事后控制不如事中控制，事中控制不如事前控制，做到防患于未然。现实中许多领导者因忙于各种事务，在对待下属之间矛盾时往往只是事后控制，结果矛盾越处理越多，越多越忙，越忙越乱，最后企业管理乱作一团，甚至根本无法正常运转。

因此领导者必须做好的是防火工作，而不是救火工作。对于鲶鱼型人才，领导者要将他们所引起的冲突控制在一定范围内，不要将这种冲突演变为一场革命，更不要用一种运动的方式来解决冲突。

面对顶撞、失误和失礼

"水至清则无鱼，人至察则无徒。"这就是告诉我们，待人处事太刻薄了，结果人缘难处。作为朋友，你就不能用自己的标准去要求和衡量所有的人，不能责备别人的"另类"。如果面对鲶鱼型人才的顶撞，领导者应该如何做呢？

首先必须强调一点的是，异己的存在，可以促使你在决策时格外谨慎，力求科学严谨，以免被异己找出破绽，发现纰漏。同时他可以避免你无意识地发生错误，造成不可挽回的严重后果。可以说，鲶鱼型人才的顶撞，就是竞争对手的存在，就是监督者的存在，他可以促使双方更加勤勉。他可以从另一个方面给你以提示，给你以警戒，可以有效地避免错误的出现。

美国前海军司令麦锡肯去看望陆军司令马歇尔时说："我的海军一直被公认为世界上最勇敢的部队，希望你的陆军也一样。"马歇尔不肯示弱，说："我的陆军也是最勇敢的。"麦锡肯问他有没有办法证实一下。"有！"马歇尔满怀信心地说。他随便叫住一个士兵，命令道："你给我过去，用身体去撞那辆开动的坦克。""你疯了？"士兵大叫，"我才不那么傻呢！"

此时，在这种关乎自己的面子和威望的非常时刻，自己的下属公然顶撞自己，领导者一般都会勃然大怒。然而，马歇尔没有这样做，他笑了笑，然后满意地对麦锡肯说："看见了吧，只有最勇敢的士兵才会这样同将军说话。"马歇尔把士兵公然顶撞自己的行为视为勇敢的举动，这正是大将军的气魄与胸怀！这就是成大事者的独特认识。试想一下，假如马歇尔将军视那个士兵为异己，并且一味地去扼杀，他必定会置士兵于死地。最终，他不仅失去了一个士兵，而且损害了自己的威望，挫伤了所有士兵的勇气。

如果领导者确信自己不是完人，不可能不犯错的话，那么领导者也应该确信自己的下属不是完人，也不可能不犯错误。

如果你的下属因某个疏忽导致了顾客的不满，顾客上门兴师问罪来了。怎么办？逼属下自己去道歉、让他自己处理"烂摊子"，还是亲自出马去处理自己心里也没把握的问题？

首先我们必须强调领导者有不可推卸责任。作为一名领导者，遇到这种突发情况，首先要冷静。第一，不要推卸责任，要亲自出马，对因员工的一时疏忽给顾客添加的麻烦，向顾客表示诚恳的歉意。第二，在弄清事情的经过后，对顾客提出的合理要求，应尽力予以满足，并求得相互的理解。对顾客提出的不合理要求或无理取闹、借题发挥，应做耐心的解释工作。第三，以教育为目的，对员工进行耐心的说服和教育，查找问题的症结。主动承担责任，能体现一个领导者的气度和修养，也能得到员工们的理解和尊敬。切不可不问青红皂白，当着顾客指责员工，盛气凌人。

其次要学会变坏事为好事。虽说是下属惹的祸，但你硬要他自己去收拾，碍于职权的限制，他出面恐怕不会取得什么满意的结果，很可能问题最后还要回到你这儿。如果你亲自去处理，由于对问题不甚了解而心里没底儿，同样不利于问题的解决。如果你与当事的属下共同去面对来兴师问罪的顾客，就大大增加了解决问题的可能性。领导者主动在外人面前主动承揽责任，会减轻属下的包袱，他会感激你，同时也会赢得其他属下的人心。同时对顾客来说，能够表现出部门对此事的重视和诚意。在解决问题和协调双方利益时，领导者较具权威性，可以更好地维护部门利益。

领导者要想真正收服鲶鱼型人才的心，就必须去扛一些事情。只有这样才能给大家留个树立一个负责任的好形象。

如果面对鲶鱼型人才的失礼，领导者应该怎么办？以下是一些遇到这种情况必须注意的事项：

一是尊重他的人格，每个人都具有独立的人格，领导者不能因为在工作中与其具有领导者与服从的关系而损害他的人格，这是领导者最基本的修养和对他的最基本的礼仪。面对失礼，领导者要注意保持自己的基本修养。

二是善于听取鲶鱼型人才的意见和建议。领导者应当采取公开的、私下的、集体的、个别的等多种方式听取下属的意见，了解下属的愿望，这样既可提高自己的威信，又可防止和员工关系的紧张。面对下属的失礼，领导者要耐心听取下属的意见和建议，因为很多失礼的情况是因为下属急于向领导者提意见。

三是宽待下属。领导者应心胸开阔，对下属的失礼、失误应用宽容的胸怀对待，尽力帮助下属改正错误，而不是一味打击、处罚、更不能记恨在心，挟私报复。

四是培养领导者的人格魅力。作为领导者，除权力外，还应有自己的人格魅力。如良好的形象、丰富的知识、优秀的口才、平易近人的作风等，这些都是与领导者的权力没有必须联系的非权力影响力。

五是尊崇特别有才干的下属。领导者不可能在各方面都表现得出类拔萃，而下属在某些方面也必然会有某些过人之处。作为领导者，对下属的长处应及时地给予肯定和赞扬。如接待客人时，将本单位的业务骨干介绍给客人；在一些集体活动中，节日期间到为单位做出重大贡献的下属家里走访慰问；有意地突出一下某位有才能的下属的地位等，都是尊重下属的表现。这样做可以进一步激发下属的工作积极性，更好地发挥他们的才干。相反，如果领导者嫉贤妒能，压制人才，就会造成领导者和下属的关系紧张，不利于工作的顺利开展。

面对鲶鱼型人才的顶撞、失误和失礼，领导者首先都必须有博大的胸襟，不要在小事上斤斤计较，也不要对任何事情都上纲上线。

抓住关键，才能举一反三

对于领导者来说，处理鲶鱼型人才管理中的冲突并不需要太多的原则，如果能够牢牢记住下面两点，所有冲突的处理相对而言都会简单很多。

一、要学会感激

著名成功学家安东尼指出：成功的第一步就是先存一颗感激的心，时时对自己的现状心存感激，同时也要对别人为你所做的一切怀有敬意和感激之情。如果你接受了别人的恩惠，不管是礼物，忠告，或帮忙，而你也够聪明的话，就应该抽出时间，向对方表达谢意。无数的事实证明，及时回报他人的善意且不嫉妒他人的成功，不仅会赢得必要而有力的支持，而且还可以避免陷入麻烦。嫉妒逼人不仅难以使自己"见贤思齐"，虚心向善，而且也会影响自己的心情和外在形象，更主要的是，这会使自己失去盟友和潜在的机遇，甚至还会树立强敌——因为一般来说，被别人嫉妒的人应该不会是弱者，以"一报还一报"的心理，他也不会对你太客气，对于鲶鱼型人才来说这一点尤其重要，因为往往鲶鱼型人才是有一定思想和行动力的人，他们的报复行为会给领导者带来更多的麻烦。

二、一切着眼于未来

就像女孩子需要真诚地去追求一样，领导者处理冲突也是需要一些耐力的。在这个意义上，宽容就是耐心，就是给第二次机会。即便有过一次背叛和冒犯，但只要不是死怨，就要以一切着眼于未来的心态，给对方改正的机会，从而有助于重新合作。事实上，这种机会往往也是给自己的，就像自己会荒唐，会短视，会无意冒犯别人一样，别人也是可以原谅的，但同样的错误只能犯一次，确认可以无意一次，却不可能无意二次。要学会对事不对人，在你给别人第二次机会之前，一定要告诫自己"是事错了，而不是人错了"。这样你就可以给他一个完整的机会。对于领导者来说，使未来显得比现在重要，也是利于促进合作的。

坏脾气对领导者来说绝对弊大于利

很多领导者都是坏脾气的人。有很多专家认为领导者在对员工进行管理的过程中表现出的暴躁脾气，更显威严，因为脾气暴躁的人往往是敢说、敢做、敢当的角色。他们勇于负重，嫉恶如仇，责任意识较强。正是这样一种果敢偏执的性格，使他们能成就一些事情。有些领导者把身心全放在工作上了，只恨不能24小时全用上，责任心被演绎成高强度的勤奋。或许靠着这种精神他曾经名利双收，或许这仅仅是他抗御无聊的一种手段。

但是我们不能把脾气暴躁和责任心画为等号，因为这种类型的勤奋，无情地剥夺了人的所有闲暇，使人紧张、烦闷和焦躁。责任意识，时常成为坏脾气者手中的大棒，责打自己和所有的人。

面对动辄挥舞责任大棒，动不动就对员工大发脾气的人，我们有权怀疑是奴性意识在作怪。这种管理理念是要人成为奴仆，它以责任意识为其合理的外衣，做扼杀创造性的事情。

知识经济的崛起，企业的许多游戏规则需要改变。在一个靠脑子工作的时代，要求领导者别站在那里一味地喊"你应"，而是以一个劝说者的身份，把为什么要这样做转达到每一个参与者的心里，形成"我要"的氛围。当新的企业语境形成，"我要"的意识，会进一步演化成"我是"的自然流露。从领导者的"你应"，到属下的"我要"，再到全员的"我是"，团队中个个成为能够把信送给加西亚的罗文，自然就不需要领导者板着脸在那里发布命令，更不需要坏脾气插手其间。

当然有些企业领导者因为它的坏脾气而得到了员工的服从，最后为企业创造了可观的利益。但我们只能说这样的管理有时候可以管理好一个团队，但是在更多的时候，这种管理是行不通的，尤其是在员工自我意识空前觉醒的今天，特别是对于鲶鱼型人才来说这种管理这就是他们的噩梦。

要给下属犯错误的机会

如果领导者确信自己不是完人,不可能不犯错的话,那么领导者也应该确信自己的下属不是完人,也不可能不犯错误。

如果你的下属因某个疏忽导致了顾客的不满,顾客上门兴师问罪来了,怎么办?逼属下自己去道歉、让他自己处理"烂摊子",还是亲自出马去处理自己心里也没把握的问题?

首先我们必须强调领导者有不可推卸的责任。作为一名领导者,遇到这种突发情况,首先要冷静。第一,不要推卸责任,要亲自出马,对因员工的一时疏忽给顾客添加的麻烦,向顾客表示诚恳的歉意。第二,在弄清事情的经过后,对顾客提出的合理要求,应尽力予以满足,并求得相互的理解。对顾客提出的不合理要求或无理取闹、借题发挥,应做耐心的解释工作。第三,以教育为目的,对员工进行耐心的说服和教育,查找问题的症结。主动承担责任,能体现一个领导者的气度和修养,也能得到员工们的理解和尊敬。切不可不问青红皂白,当着顾客指责员工,盛气凌人。

其次要学会变坏事为好事。虽说是下属惹的祸,但你硬要他自己去收拾,碍于职权的限制,他出面恐怕不会取得什么满意的结果,很可能问题最后还要回到你这儿。如果你亲自去处理,由于对问题不甚了解而心里没底儿,同样不利于问题的解决。如果你与当事的属下共同去面对来兴师问罪的顾客,就大大增加了解决问题的可能性。领导者主动在外人面前承揽责任,会减轻属下的包袱,他会感激你,同时也会赢得其他属下的人心。同时对顾客来说，能够表现出部门对此事的重视和诚意。在解决问题和协调双方利益时，领导者较具权威性，可以更好地维护部门利益。

总之，领导者要做到优秀，就必须去扛一些事情，只有这样才能给大家留个树立一个负责任的好形象。

不要鼓励告密的风气

领导者在处理冲突的时候一定要注意爱打小报告的员工，来说是非者，必是是非人。领导者在进行管理的过程中需要注意不要让打小报告成为一种文化。

"打小报告"在道德上是难以被人接受的，因为它使人与人之间失去信任；"打小报告"的人或告密者之所以遭人唾弃和孤立，是因为他们使周围的人感到了不安全。如果企业里总有人"打小报告"，企业气氛一定是紧张不安的，员工关系、上下级关系也一定是疏远的、戒备的。这样容易植根一种不信任在每一个员工的内心深处，使他很难坦诚、轻松地面对他人。为了处理人际关系，他不仅会损耗大量的心理能量，而且还会因各种误解而造成自己与他人的痛苦。

"打小报告"虽然不等同于"告密"，但在人们心中，"打小报告"、告密是一个连续的链条。这些行为会造成群体和个人内心的激烈冲突。

告密还往往与不正常的社会政治生活连在一起。在法西斯统治的德国，斯大林时期的苏联，告密行为受到鼓励，它使很多忠诚正直的人受到残酷迫害，并成为一些人向上爬，实现自己个人野心的手段。一个被告密行为侵害过的社会，要重建社会成员间的信任是相当困难的。

因此对于领导者来说，千万不要鼓励告密的风气，这种风气一旦助长，会影响整个团队的士气，也会影响企业鲶鱼型人才的培养和生存。领导者要保证鲶鱼型人才的健康成长和整个团队的有效运转，使每个员工都能发挥自己的能力，并迅速成为企业的业务骨干。纪律和约束是不可或缺的，但是如何维护纪律却可以有不同的做法。优秀的领导者要有能力在企业里创造一种氛围：鼓励员工在犯错误时勇于承认，担当责任，自我教育，而不是依靠"打小报告"。

充分信任，展现人格魅力

信任可以产生一种力量，这个道理谁都知道。然而，在许多企业里，信任危机已经是一个非常普遍的问题。作为一个领导者，应该大胆地相信信任所产生的巨大威力。在一个企业里，如果鲶鱼型人才时时受到怀疑、处处受到监视，那么，他们是根本不可能为公司尽心竭力的。

正如管理学者道格拉斯·麦格雷戈所说："一旦知道对方不会精心地或偶然地、有意识地或无意识地不公正利用我，我就可以完全放心地将我的处境、我的地位与我的尊严置于这个小组中，我就可以把我的关系、我的工作、我的职业、我的生活置于对方的手中。这就是良性循环的开始。"

在经营失败的案例中，很多领导者都把命令直接下给基层。事实证明，这种做法会严重挫伤基层单位领导者的积极性。人力资源管理的专家更是指出，假如你有什么事，要通过各级负责人，而不能越权布置工作。如果你叫某人负责某项工作，千万不要在与他商量之前就做出决定，或直接对他的下属下命令。如果你必须否定他的意见，你也要首先征求他的意见。不然，你就会使他有职无权，把本应属于他分内的工作完全落在自己肩上了。

越权布置本身就是不信任，基层领导者会认为你这不是在帮助他，而是在妨害和干预他们的工作。因此，不干涉下属的工作，让下属自己做，这是最好的方法。越权布置工作往往会使基层领导者缺乏威信，最容易出现的可怕结果就是怠工，整个企业也会逐步涣散。

韦尔奇认为，领导者应当抽出一定的时间与精力去寻找合适的管理人员并激发他们的工作动机。他强调，有想法的人就是英雄。他的主要工作就是去发掘出一些"很棒的想法"，然后"完善它们"。

一个优秀的领导者必须有很强的人格魅力，通过人格魅力来使员工自觉地接受领导者的工作安排。

泰国曼谷东方饭店曾先后四次被美国《国际投资者》杂志评为"世界最佳饭店"。饭店管理的巨大成功与总经理库特·瓦赫特法伊特尔是密不可分的。库特先生像管理一个大家庭那样来经营东方饭店，其管理饭店的秘诀就是"大家办饭店"。库特先生除了有一套行之有效的管理措施之外，他的人格魅力也使他在管理这个世界著名饭店时得心应手。他虽然当了数十年的总经理，是主宰饭店一切的最高负责人，但却从不摆架子，对一般员工也是和蔼可亲。哪个员工有了困难或疑问，都可以直接找他面谈。他在泰国很有声望，曾被泰国秘书联合会数度评为"本年度最佳经理"。

为了联络员工的感情，使大家为饭店效力，库特先生经常为员工及其家属举办各种活动，如生日舞会、运动会、佛教仪式等等。这些活动无形中缩小了部门之间、上下级之间的距离，对于提高员工的积极性、融洽相互之间的关系、改进饭店的工作起到了推动作用。

作为一个领导者，决不能凌驾于制度之上。如果领导者能自觉地遵守制度，员工就不会轻易地违反制度。如果领导者自己不遵守制度，下级就会步步效法。口是心非是管理的大忌。作为领导者，言行一致、直言不讳更能得到员工的尊敬与信赖。很多时候，言行不一会严重影响管理成效。

优秀的领导者应该尽量赞赏鲶鱼型人才的才干与成就，要尽可能地把荣誉让给鲶鱼型人才，把自己摆在后面，这样他才会为你尽心竭力。如果自己的虚荣心太强，处处压抑鲶鱼型人才，就必然引起普遍反感。

忠诚是一种境界，也是一种荣耀

由于鲶鱼型人才有着积极主动的特性，而积极主动的人往往忠诚度不是太高，所以鲶鱼型人才的忠诚便成了一个值得探讨的问题。

在管理学中，有这样一句话：管理的最高境界是无为而治。任何组织、任何个人都离不开管理。要真正做到在管理中无为而治，离不开个人忠诚的培养和境界的提升。

我们首先来看看什么叫无为。无为，并不是什么事也不做，而是不做那些愚蠢的、无效的、无益的、无意义的，乃至无趣无聊，而且有害有伤有损有愧的事。每一个人一生要做许多事，每一个人一天也要做许多事，做一点有价值有意义的事并不难，难的是不做那些不该做的事。就像自己做出点成绩并不难，难的是不忌妒旁人的成绩。无为是一种境界。无为是一种自卫自尊。无为是一种信心，对自己，对别人，对事业，对历史。无为是对于主动的一种保持。无为是一种豁达的耐性。无为是一种聪明。无为也是一种风格。

但是在管理中要做到真正的无为就必须培养员工的忠诚，就必须有忠诚的境界。这种忠诚不仅是对国家、对组织、对合作伙伴，而且也是对自己。自己要忠诚于自己的信仰、自己的理想，不做一些没有意义但是诱惑力很大的事情，不将精力放在无谓的争执上，要有豁达的胸襟。

仅以公司管理来论，我们来看看忠诚的境界在无为而治中所起的作用：

在管理领域美国通用电气CEO韦尔奇的一个经营的最高原则:"管理得少"就是"管理得好",或者反过来说也一样:"管理得好"就是"管理得少"。根据调查,西方发达资本主义国家普遍的企业管理工作中的"管"与"理"遵照的是20/80原则,这与我国企业管理中的"管"与"理"遵照80/20的比例恰好颠倒。这也许是大多数中国企业缺乏竞争力的一个极好的注脚。实际上,最理想的管理就是一种"无为而治"状态,也就是不管理。之所以不需要管理,这是因为人人都学会了自我管理,恪尽职守,那些所谓的管理制度,条条框框也就失去了存在的意义。管理就是要实现这样一种理想状态。但是这个理想状态实现的前提是领导者对鲶鱼型人才做到充分信任,进而培养忠诚于个人和组织的境界。而建立信任和培养忠诚的境界,领导者就必须从以下四个方面下功夫:一是加强文化的融合,只有员工发自内心认同了企业的文化,才会真正做到心往一处想,力往一处使;二是自由交换意见,安排正式或非正式会议作为员工之间相互交流的途径,当员工之间的了解加深后,他们就能放松自己,培养忠诚和凝聚力;三是感情沟通,重视心理情感的协调,善于运用感情疏通拉近员工之间的心理距离,建立起一种唇齿相依的关系,彼此把对方都视作"一家人",相互依存,同舟共济,荣辱与共,肝胆相照;四是注重结果。把实现结果的过程交给部下,又用过程的结果来衡量部下,这就是无为而治的精髓所在。

正如管理大师德鲁克所说,注重管理行为的结果而不是监控行为,让管理进入一个自我控制的管理状态。

因此无论是个人的自我管理,还是公司组织的管理,最高境界无疑都是无为而治。而要实现无为而治的境界，最根本的就是培养忠诚的境界。只有所有的利益相关者都自觉地忠诚于自己的目标，管理才会高效率地进行。忠诚是一种境界，是很多人想达到，但是尚未达到的境界；是很多组织想达到，但是仍在耗费大量资源和精力在努力达到的境界。有这种境界的个人能够自觉地为个人和组织的目标实现而努力，而不以个人眼前利益的得失所摆布。

要培养鲶鱼型人才的忠诚，还必须培养其忠诚是一种荣耀的观念。忠诚是一种荣耀，而且在我国是一种超越生死的荣耀。关羽宁死不降，得到的是忠诚的名声，得到的是荣耀。有的历史人物由于不忠诚，结果导致名声扫地，在世时就被人看不起。即使死后，也遭到世人的诟骂。

吕布毫无疑问是东汉末年武力最为高强的将领，虽然关羽威震天下，但还是需要张飞和刘备的帮助才能将吕布打败。然而为什么吕布没有像关羽一样成为万人景仰的英雄呢？其根本原因在于吕布的不忠诚。在汉末诸侯中，吕布先后跟随丁原、董卓作战，并最终杀死了丁原和董卓。成为独立势力后，吕布与曹操为敌，和刘备、袁术等诸侯时敌时友，最终不敌曹操和刘备的联军，兵败人亡。吕布虽然十分勇猛，但是少有计策，为人反复无常，唯利是图，没有忠诚事主的心，在三国中总是被别人骂作"三姓家奴"。最后吕布被曹操所擒，本来想投降，也是因为他的忠诚已经无法让人信任，最终被曹操所杀。

洪承畴是历史上一个遗臭万年的降将。他是明朝万历年间的进士，到崇祯时已是兵部尚书，同时封为蓟辽总督，崇祯把一个朝廷的命运都交到了他身上。他也感戴崇祯知遇之恩，素以忠节自命，在自家客厅上悬挂了自撰的对联一副：

君恩深似海，臣节重如山

崇祯十五年，督师与清军死战于松山，兵败被俘，传到京师的消息说洪承畴已经殉国，崇祯大痛，亲自设灵祭悼洪承畴的亡灵，却不知此时洪承畴已经降清，并为清廷筹划开国规划。到了清朝，洪承畴官至武英殿大学士，七省经略，残酷镇压农民起义及抗清活动。有一年春节早上，洪府大门上贴起了副新联，上下联均是当年洪承畴旧句，不过后面各添了一个字，两句成了：

君恩深似海矣！臣节重如山乎？

洪承畴60岁生日那天，洪府宾客盈门，正这时忽然闯进来一个披麻戴孝的人，人们看时却是洪承畴的门生，到大厅之后号啕大哭，边哭边大声朗读当年崇祯祭洪承畴的文章，顿时大厅鸦雀无声。洪承畴被弄得无地自容，那门生哭罢，把手中一副对联在桌上摊开，扬长而去，大家偷眼看那对联，见上面写的是：

史鉴流传真可法，洪恩未报反成仇

上联嵌抗清名将史可法姓名，下联"成仇"谐音"承畴"，一褒一贬，跃然纸上，洪承畴当时面红耳赤。洪承畴以先朝重臣降清，又死心塌地做了清廷鹰犬，连他的家乡人也很看不起他，他致仕回到福建南安老家，一年"谷雨"日，他寂寞难耐，拉了一位氏族弟子下棋，难得高兴，棋子下得很顺手，一时想起是日谷雨，便吟道：

一局妙棋，今日几乎忘谷雨！

他那位小辈把他看看，缓缓对道：

两朝领袖，他年何以别清明？

洪承畴听了，说不出话来。

虽然洪承畴对明廷不忠，但是对清廷绝对的忠心耿耿，只是最后清廷也不喜欢他。在他死后不久，他家就败落了。

当关羽向曹操开出"降汉不降曹"这个条件的时候，相信在他心目中就充满了自豪和荣耀。他是忠臣，所以万世都记住了他，而且流芳千古。像洪承畴这样的奸臣（只对明廷来说），虽然历史同样记住了他，但是就遗臭万年。

总之，在我国，忠诚就是一种荣耀，一种已然超越生死的荣耀。鲶鱼型人才需要有这种荣耀观。当然任何忠诚都是有限度的，鲶鱼型人才也没有必要强迫自己做作地无限制忠诚下去。

学会无条件服从

"无条件地服从"是军人的天职，这就是为什么军人经商或者从政也同样优秀的原因之一。军人有服从的传统。对于鲶鱼型人才来说，同样要培养自己服从的习惯，而且要是无条件服从。

忠诚的人会懂得服从，对于领导者给予的任务或者命令从来不讨价还价，也不找任何借口来推脱。在他们看来，只有服从命令，只有无条件地服从命令，才能实现领导者的意图，才能够说明自己的忠诚。

在国人的观念中，服从就是"对的就服从，不对的就不服从"。其实这种观点是错误的。服从是无条件的，指令下去第一时间就必须按指令去行动。

"对的就服从，不对的就不服从"存在判断标准上的错误。这种观念无异于宣告你比你的领导者更具判断力，而且你使用的判断标准其实就是你自己的标准，而不是领导者的标准。反过来说，如果以你的标准为准，也就等于承认你的判断力比你的领导者还好，所以领导者的判断不算数，要以你的判断为准，按照这个逻辑来推，似乎很有必要将你和领导者的位置进行个对调。

之所以很多人不服从，不无条件地服从，从本质上来说是因为他们不够忠诚。他们把面子看得比忠诚还重要，认为无条件地服从很没有面子。但是服从要强调的第一点就是服从面前没有面子。面对领导者，要理由少一些，行动多一些。一些企业中经常会遇到这种情况，当一些领导者接受一项工作任务的时候，不是一趟就跑去把事情做了，而是先要想一想，要让交代任务的人先走开，似乎是要留下一段时间让自己想想。其实他们这样做的主要原因就是好面子。马上去做显得自己好像很闲一样，实在不能丢这份面子，这是对企业不忠诚的表现，因为在他们看来，忠诚没有面子重要。领导者交代的任务应该无条件地执行。不服从命令的情况在部队里绝对不允许出现，部队里说立正就立正，向右转就右转。一个命令下去，第一时间就要展开行动。

忠诚的人明白服从必须直截了当。服从必须讲求直截了当，否则任务完成的效果要大打折扣。如果一个员工对企业十分忠诚，他绝对不会给自己过多的时间来考虑完成任务对他个人的得失，他会忘我地工作，忘我地执行。而他最后所得到的一切往往超过他自己的想象。一个企业需要这种直截了当的、没有阻力的传递过程，它是企业管理效能的一个重要方面。

忠诚的人即使对任务有意见，也会先接受再沟通。这就是现在企业管理中所经常提到的一种现象：只有你首先把所有的事情都做好了以后，你才有发言权。执行任务的人不需要太聪明，不需要对所需要执行的任务进行评价，虽然评价是一种十分难得的能力，但是在执行的时候并不需要。在任务执行了以后，可以将接受任务的时候的疑虑将交代任务的人做个说明。企业不需要那一接到任务就马上推辞命令的员工，因为那是不忠诚的表现。这种员工往往在领导者正在宣布一项工作或者安排工作的时候，马上就列出一堆理由证明你有多大的困难，这样的员工肯定是不受欢迎的。真正忠诚的员工的做法是不管觉得有多大的困难，先把分配给你的任务接受下来再说。如果真有什么困难，可以在会后去跟领导者沟通。之所以不能在会议上提出反对意见，首先是因为领导者的工作是成系列的，你这里只是其中的一环，不能因为你这一环影响到领导者工作的推进。

忠诚的员工服从命令的时候会马上采取行动。马上按指令行动体现的是一种服从的精神。就像军队里的士兵一样，人随命令而动，不能有一时一刻的延误。立即行动对任何组织来说都至关重要。没有立即行动精神的组织，只能称之为乌合之众。

鲶鱼型人才在自己的岗位上要做到忠诚，就必须学会无条件服从。

做好自己分内的事情

忠诚要求鲶鱼型人才做好自己分内的事情。试问一个人连自己分内的事情都做不好，怎么谈得上忠诚？一个人连自己分内的事情都无法办好，还有谁能够指望他办好"分外"的事情？

而鲶鱼型人才要做好自己分内的事情，体现自己的忠诚必须具备三个条件：

一、责任感

卡耐基认为，每一个人都应该有"万斤重担一肩挑"的责任感和气魄，冲锋在前，负责到底。无论狂风暴雨、千难万险，勇往直前，退缩。只有这样才能使周围人有所信赖和依托，唤醒众人，共赴大业。

对于鲶鱼型人才来说，必须具备责任感。负责不仅表现在日常，更表现在生死存亡的紧要关头。即使碰到了失败，也要把失败的责任一肩挑起来，不怨天尤人，不自怨自艾。虽然失败的原因可能来自外界的大环境，也可能来自内部的其他人，但是作为当事人，鲶鱼型人才不应该寻找借口、推诿责任，而应该找自己未能及时调整以适应环境的责任，找自己用人不当、调解不力的责任。只有这样，并且在此基础上深刻反省，认真调整，失败才能成为成功之母。一个企业，犹如大海行船，经营者是船长，但船之所以能够航行，必须靠所有的人共同出力。在茫茫的大海上，大家不仅要听从船长的指挥前进，而且要自己对自己负责任，在面对任何惊涛骇浪的时候，每一个人都应该对船负责任。只有这样做，整个企业的经营才能出现勃勃生机。

二、危机意识

危机意识是忠诚的人分内的事情。忠诚并不仅仅是听从命令和差遣，这种忠诚是一种被动的消极的忠诚。积极的主动的忠诚要求每一个人都要时刻保持危机感，富有忧患意识，警觉明天可能出现的不利因素。对于意识到的问题，及时处理，绝不拖延。在如今的市场环境中，变化变动实在太快。昨日的百万富翁，今天就可能成为街头乞丐；昨天的香饽饽，今天就可能成为淘汰品。进步愈快的行业，竞争就愈激烈，相对地也使公司的经营愈加困难。在这种情势下，竞争力不强的公司就自然要被淘汰。因此面对激烈的竞争，面对如此残酷的淘汰机制和频率，鲇鱼型人才应该有危机感，有忧患意识；同时也要有所准备，处在临战状态。商场上可能有积极进取的赢家，却没有固步自封、恃财傲世的赢家。胸无忧患，掉以轻心，很肯定是要栽跟斗的。

三、敬业精神

做好自己分内的事情必须有敬业精神。敬业是事业取得成功的关键，也是获得幸福的关键。荀子说："百事之成也，必在敬之；其败也，必在慢之。"王充也说："天下之事成于慎而败于忽。"做任何事情都必须有敬业精神。敬业是指专心从事学业和工作，宋代思想家朱熹说："敬业者，专心致志以事其业也。"敬业精神的基本要求是热爱自己的本职工作。正如卡耐基所说："除非喜爱自己所做的事，否则永远也无法成功。"不论从事什么工作，热爱自己的工作，这是走向成功的第一步，俗话说要干一行，爱一行。"三百六十行，行行出状元"，每项工作都是有出息的。每个员工都要充分认识自己的工作在整个社会中的地位和作用。如果不是这样，总是见异思迁，看不起自己的工作，就不会有工作的积极性和创造性，甚至磨洋工，玩忽职守，就会造成严重损失，就是不忠诚的表现。伟大医学家李时珍忠诚于自己的理想，撰写《本草纲目》花费27年；杰出的文学家曹雪芹写作《红楼梦》是用了"十年辛酸泪"；著名科学家达尔文完成巨著《物种起源》用了20年；革命导师马克思著述《资本论》付出了40年心血；大诗人歌德写成《浮士德》前后整整60年。可见，任何一项伟大事业的成功，必须经历长期不懈的努力，需要付出巨大的以至毕生的艰辛劳动。这是敬业的表现，是忠诚的表现，而它的本质就是做好了自己的本职工作。

要立即着手行动，不要拖延

忠诚的人永远都不会拖延，他会准时地做好每一件需要自己做的事情。拖延是一种惰性，这种惰性对于组织来说是十分不利的，它不利于组织高效率地运转，因此一个对组织忠诚的人必然会准时做好需要自己做的每一件事情，以达成组织的目标。鲶鱼型人才要培养自己不拖延的习惯，拖延并不能解决任何问题，反而会加重自己的心理负担。

曾经有一个人养成了偷偷摸摸的习惯，每天都要偷邻居家的一只鸡。有人劝他说："正正经经地做人，要懂得是非好坏和礼义廉耻。偷东西可绝不是好人的行为啊！"这人听了，表示要坚决改正自己的错误，于是说："既然如此，就让我慢慢地改正吧。从今天开始，我少偷一些，由每天偷一只改作每月偷一只，到明年再停止偷吧！"既然知道自己错了，就应该立即改正，何必要等到明年呢？

很多人喜欢拖延，将今天的事情拖到明天，将明天的事情拖到后天，自认为这种拖延战术会让自己好过一些，殊不知最后导致的结果是每天都活着不如意。

有一些谚语和格言很值得拖延的人玩味。

"犹豫是时间的盗贼。"

"等时间的人，就是浪费时间的人。"

"今天的事情不要等到明天去做，明天做的事，今天要去想。"

"少年辛苦终身事，莫向光阴惰寸功。十年老不了一个人，一天误掉了一个春。"

"年少力强，急须努力；错过少年，老来着急。"

"明日复明日，明日何其多？路从脚下起，事从今日做。"

"今日事今日毕，留到明天更着急。"

"懒汉的嘴里'明天'多。"

对于鲶鱼型人才来说，永远不要空等所想象中的合适时机来做事情。通常，人们在安排一天的事情是按照事情的缓急来的，真正有效的时间管理应该按照事情的重要性。重要的事是排在急迫的事情前面的。根据二八定律，只占20%时间的重要事情可以收到80%的成效，而80%的琐碎事情只有20%的功效。

对于每一个人来说，惰性与拖延是失败的祸根，其导致的不良后果不仅影响人的前途，还影响人的心理活动，使人形成不良的心理状态和性格缺陷，严重的还会发展到病态人格，我们需要尽早意识到它们的危害。

惰性和拖延是不能按自己的意愿行事的精神状态，是常见的一种意志缺陷，也是许多人深感苦恼而又难以改正的缺陷。惰性的表现形式多种多样，其轻重也不同。比如无法将精力集中到学习训练中去；只有被别人逼着才向前走，不愿自己开拓进取；有计划无行动，该实施的行动，无休止地被拖延；虽下决心改正但仍不能自拔；做事磨磨蹭蹭，效率极低，遇到问题久拖不决；对任何事情都没兴趣，也没有欲望等。这些都是惰性和拖延的表现。

惰性使人不满现状又不去改变，每日生活在等待和无奈之中。他们回避现实，情绪低落，常怀羞愧、内疚之心。产生的原因主要是意志薄弱，不敢面对现实，逃避困难，惧怕艰苦，缺乏约束自己的毅力；也可能是目标想法太多，无从下手，缺乏应有的计划性和条理性或者是无目标或不知该定什么样的目标。

鲶鱼型人才绝不能让惰性和拖延来控制住自己。要对组织忠诚，克服惰性和拖延必须从以下几个方面着手：

首先要端正认识。惰性并非人的本性而是一种恶习，拖延并不能使问题消失或变得容易，只会带来更严重的危害。忠诚的人从不拖延，我们生活中的大多数人只用了本身潜在能力的 1/10，因此每一个人都有很大的发展潜力，所以没有必要去逃避现实，只需要养成一个好的习惯。

其次要及早行动。很多人都在等良好的条件，但是良好的条件是等不来的，唯有依靠行动才能创造有利因素。可以建立一个行动计划，列出需要进行的每一小步。开始做有关的事情，哪怕很小的事，哪怕只做 3 分钟。只要做出来，就是一个好的开端，会带动你更容易地做更多的事情。忠诚的人要学会分割目标，设定期限，并及时检查督促自己。

再次要坚持突破疲劳。疲劳是放弃和拖延的好借口，但没有什么比无休止地拖延一件没做完的事情更令人感到疲劳的了。疲劳在一定程度上是可控的，早些完成可以安稳休息。对于我们每一个人来说，每坚持做完一件事，都会增强我们的信心。

最后要自我奖励。习惯的养成需要强化，惰性的形成就是因为有暂时的正向强化。要想养成自觉迅捷做事的习惯，就要给自己以及时的奖励来进行强化。每及时完成一项任务，每改变一个拖延的习惯，即使行动的步子很小，也要肯定自己，记录进步，奖励自己在达到一个适度的小目标后就拥有某项愉快享受的权力，让努力与愉快的感受相连结。

优秀是一种习惯，鲶鱼型人才的优秀就在于他养成了优秀的习惯。

第8章　对鲶鱼型人才的培养和领导

鲶鱼型人才并不是生下来就有的，而是后天培养出来的。在组织中，领导者可以培养出自己的鲶鱼型人才来。即使是引进的鲶鱼型人才，也需要通过不断培养来引导他适应组织，以发挥最大作用。

伯乐和千里马

在开始本节之前,将韩愈先生的《马说》的译文写上,用人之道,韩愈先生看得最为通彻。

世上有了伯乐,然后才有千里马。千里马经常有,而伯乐不经常有。所以即使有名马,也只会辱没在仆役的马夫的手里,和普通的马一起死在马厩里面,不会因为日行千里而出名。

千里马,吃一顿有时需要吃完一石粮食。然而喂马的人不知道它能够日行千里,结果没有喂养。这样的马,纵有日行千里的才能,但是因为吃不饱,力气不足,才能和优点都不能表现出来,甚至连一匹普通的马都比不上,这样又怎么能要求它日行千里呢?

鞭策它不用正确的方法,喂养它又不能够让它吃饱后充分发挥它的才能,千里马仰天嘶鸣,人们却不懂得它的意思,只是握着马鞭站到它的跟前,感叹道:"天下没有千里马!"唉!难道是真的没有千里马吗?那是因为真的不认识千里马啊!

人才是指掌握某一种专业工作的技术和技能的人。人才可以分为三大类:技术人才、技能人才、经营和管理人才。一般是以技能人才、技术人才、经营和管理人才的排列顺序,构成宝塔形,技能人才为基础,经营和管理人才置于塔峰。人才在被发现之前,都是默默地生活在普通人中间。人才犹如冰山,浮于水面者仅10%,沉于水底者达90%。企业要想兴旺发达,就必须充分利用这些人才。

领导者必须从员工当中发现人才,并正确地使用人才,这样才能够保证企业的正常发展。

领导者用才,首先必须从思想上真正重视人才。我国古代有个故事有必要让所有的领导者看看。

春秋时候楚国有个人叫沈诸梁,字之高。因为他父亲曾受封于叶,他就自称叶公。这位叶公特别爱龙,所以家里的东西都采用龙的形象,做成龙的样子,屋里到处都雕有龙的花纹。有一天天上的真龙听说他这么爱龙,就从天而降,来拜访叶公。龙头趴在窗口,龙尾一直摆到厅堂里。叶公一看,顿时大惊失色,拔腿就跑。原来叶公并不是真爱龙,他不过是爱似龙而非龙的东西而已。

很多领导者就是叶公,他们自称十分喜欢龙,但是其根本是一种包装,一种粉饰。他们通过这样的方式来表达自己对人才的渴求,说到底是一种不重视人才的表现。叶公好龙似的呼唤人才,只能是给自己增加一些爱才的包装,难以真正发现人才。很多领导者总是说自己如何爱才,如何渴求人才,但是在企业管理中,他们压制人才的积极性和创造性,使得愿意归附企业的人才最终都叹然离去。

领导者使用鲶鱼型人才,首先应该有成熟的培养心态,要从思想上真正重视他们,把他们当作千里马来看待,而自己则要做好伯乐应该做的事情。

要综合考察人才，但不应求全责备

领导者用人必须学会综合考察。

尽管有很多人多次研究人才的科学测试方法，也出现了不少人才测评软件，但人毕竟不是机器，任何分析试验手段，都无法完全准确地定义评价人才。因为人是千变万化的，任何人在不同的环境和情景下，其情绪和表现是不一样的，加上人的一些本能反应，往往会出现种种假象。

如果领导者仅凭表面判断，必然导致"以貌取人，失之子羽；以言取人，失之宰予。"

"人不可貌相，海水不可斗量。"这是中国人民一句有益的识才辨才格言。泰戈尔说得好："你可以从外表的美来评论一朵花或一只蝴蝶，但不能这样来评论一个人。"以貌取人和判人没有丝毫的科学根据。事实上，其貌不扬的人反而有不少是有才学的人，而相貌出众的人也有不少平庸之辈。毫无实据证明人的才能与人的相貌之间有必然的联系。

澹台灭明，武城人，字子羽，比孔子小三十九岁。他长得丑陋，欲拜孔子为师，孔子看了他那副尊容，认为难以成才，不会有大的出息，因子羽是他的学生子游介绍来求拜师的，孔子虽看不起他，还是收留为弟子。他在孔子那里学了三年左右，孔子才知他是貌丑而德隆的人，所以说"以貌取人，失之子羽。"子羽学成后，曾任鲁国大夫，后来南下楚国。他设坛讲学，培养了不少人才，成为当时儒家在南方的一个有影响的学派。

因此对于领导者来说，只有深入调查，综合考核，才能较为准确地评价一个人，才能发现真正的人才。

领导者使用人才必须摒弃求全责备的思想。

人才有全才和专业人才，大多人才都是具有一技之长的人，如果求全责备，就会让这些能人闲置。

骏马能历险，犁田不如牛；坚车能载重，渡河不如舟；舍长以就短，智者难为谋；生材贵适用，慎勿多苛求。

选择人才要唯才是举。

在选拔人才的过程中，领导者的思想容易走向两个极端：要么过分重视思想品德，对有没有能力无所谓；要么过分重视专业技能，只要有本事，思想如何无关紧要。有的领导者甚至认为重品行与重才能是不可兼得的，要么重德，要么重才。

对于企业来说，品行和才能两个方面固然不可偏废，但是选拔人才的关键是看人才是否有利于企业的发展。对于一些品德较差，但才能突出的人应该加以正确引导，充分用其所长，避其短处，这样才能够使得人才为我所用。当然品德差的人必须具备一些基本的道德水平。

领导者使用鲶鱼型人才的时候，千万不要只看到短处，而不看到长处，任何人都有长处的，都有可以用的地方；任何人也都有短处，有可以指责的地方。领导者千万不要戴着有色眼镜看人。

培养人才是有成本的

对于领导者来说，重视发现和选拔鲶鱼型人才相当重要，同时在发现和选拔人才后的人才培养和管理也是相当重要的。因为人才不是天生的，而是在后天的环境中慢慢养成的。人才的诸多素质只有在新的岗位上才能够得到体现。因此企业必须注重人才的培养和管理，为人才施展其抱负创造一个起飞的平台。

有的企业认为企业不是学校，因此只注重人才的使用，而不注重人才的培养。这种观点是大错特错的。主要原因是：

一是现代社会是一个信息时代，新的知识点就像雨后春笋一样层出不穷。从学校学习到知识，或者从原来就职的企业学到的经验到企业中已经有一半以上的知识已经过时，因此企业必须重视对员工进行培养，这样才能够造就人才，为企业服务。

二是从学校出来的相当部分的人固然是人才，但是并不是适合本企业发展的人才。因此企业必须通过人才培养来将企业的理念和行为准则灌输到员工身上，进而培养适合企业的人才。

三是企业就是一个学校，在人才的培养过程中，企业和人才实现了互动，这是有利于企业自身发展的。

很多领导者不重视人才的培养主要原因在于担心人才培养的成本。人才培养是需要成本的，其主要成本有：

一是维持企业正常运行和人才基本工资的成本。这个成本包括培养项目的方方面面，如企业的土地使用费、建筑物的固定资产折旧费缓和设备折旧费等等。如果没有这些费用，企业如何能够正常运转，更不谈培养自己的人才。人才在培养的过程中，企业是应该支付基本工资的，这样才能保证员工能够安心地工作。

二是培养人才的培养的基础费用。要培养一个好的管理人才，大量的书籍和培训费是必须支出的；培养一个好的设备操作员工，能源的费用也是要支出的。

三是风险成本。企业对培养人才有诸多顾忌：一怕不能培养出人才，二怕培养的人才最后留不住，三怕培养的人才无原则地要求更好的岗位，结果企业无法提供。这些都是培养人才的风险，众多公司由于害怕承担这个风险，于是将培养人才弃置一边，专拣有经验的人才来用。这样往往导致成本更大。企业培养了人才必须还有养护费，这就要求提供更高的职位和更好的薪金待遇。如果给他每月5000元的工资时，可能别家公司闻到了便宜，愿意出8000元的工资聘用他，那么人才的培养费就可能只是完成了一个培养人才成功实验的报告。

四是人才背叛成本。内外勾结盗窃企业核心技术秘密和叛逃企业的员工都使得企业背负起沉重的背叛成本。这些员工在接受了良好的培训以后，往往会通过种种方式来窃取企业的核心技术，最后自己建立公司与企业抗衡或者投奔竞争对手企业来和企业对抗。这种成本的存在恰好不是因为企业培训员工的风险，而是企业培训不够的结果。

领导者对鲶鱼型人才的培养，必须舍得成本，这些成本如果使用得当，会成为利润的来源。

岗位培养和精神培养相结合

领导者培养鲶鱼型人才要注意进行岗位培养。

岗位培养是指让人才在社会实践中,有目的、有针对性地锻炼自己。通过岗位培养,可以让员工开动脑筋、积极思考,从而达到提高工作能力的目的。通过艰苦的岗位和涉及切身利益场合的考验,可以培养和锻炼其过硬的思想作风。通过增加新的工作内容可以锻炼员工的适应能力。

一个人的工作热情与激素分泌有关,热爱工作的人,激素分泌十分旺盛,对工作就会十分投入。厌倦工作的,其激素分泌比较少,往往表现出郁郁寡欢,因此对工作就很不用心。因此岗位培养首先要进行爱岗教育,激发员工工作内在动力和积极性,使员工进入一种紧张的竞技状态。具体来说,岗位培养可以给其岗位增加挑战性和独立性,也可以让员工经常担任不同的职务,使其得到锻炼。同时还可以让其身兼数职,使其驾驭能力提高。当然,也可以让优秀的员工到上一级岗位代职一个时期,使其得到锻炼。

领导者培养鲶鱼型人才还必须注重精神培养。

精神状态对一个人来说十分重要。一个没有追求、没有理想、没有精神支柱的人,很难在工作中做出突出贡献。对人才进行培养必须培养两种基本精神,一是苦干精神,一是创新精神。世界上许多有名的企业,都有鼓励员工艰苦创业的成功范例。企业员工有了吃苦耐劳的精神、坚强的意志和毅力,往往能帮助企业渡过难关。

同时，在信息飞速发展的今天，现代企业的竞争实质上就是技术力量的竞争和创新人才的竞争。谁拥有一批具有创新意识的优秀人才和高尖的技术，谁就能在经济大潮中获胜。因此企业要有鼓励人才创新的机制，使每个员工都有自发创新的权力；要定期和不定期地下达创新任务，并和奖金工资挂钩，迫使其创新；要重奖创新人员，形成鼓励创新的氛围。即使创新失败，也应该鼓励与安慰。

了解鲶鱼型人才的需求层次

要激励鲶鱼型人才，首先就必须了解鲶鱼型人才的需求层次。

需求层次论是研究人的需求结构的一种理论，是由美国心理学家马斯洛首创。他在1943年发表的《人类动机理论》一书中提出了需求层次论。这种理论的构成根据3个基本假设：首先人要生存，他的需求能够影响他的行为，只有未满足的需求能够影响行为，满足了的需求不能充当激励工具；其次人的需求按重要性和层次性排成一定的次序，从基本的到复杂的；最后当人的某一级的需求得到最低限度满足后，才会追求高一级的需求，如此逐级上升，成为推动继续努力的内在动力。马斯洛把需求分为了以下五个层次：

第一层次是生理需求，是个人生存的基本需求。如吃、喝、住。

第二层次是安全需求，包括心理上与物质上的安全保障，如不受盗窃和威胁，预防危险事故，职业有保障等。

第三层次是社交需求，人是社会的一员，需要友谊和群体的归属感，人际交往需要彼此同情互助和赞许。

第四层次是尊重需求，包括要求受到别人的尊重和自己具有内在的自尊心。

第五层次是自我实现需求，是指通过自己的努力，实现自己对生活的期望，从而对生活和工作真正感到很有意义。

马斯洛的需求层次论认为，需求是人类内在的、天生的、下意识存在的，而且是按先后顺序发展的，满足了的需求不再是激励因素等。

几乎所有的介绍马斯洛的书籍都这样介绍他的需求层次论，但是，这实际上存在一定的不完整。马斯洛本人的著作中对需求层次论做了更多的探讨。除了广为人知的以上五种需求外，马斯洛还详细说明了认知和理解的欲望、审美需求在人身上的客观存在，但是他也说明，这些需求不能放在基本需求层次之中。

鲶鱼型人才自我实现的需求特别强烈，这是领导者必须注意的基本事实。同时领导者必须清楚地知道，对于企业来说，员工永远比顾客重要。

无论是在理论界还是实践界，"顾客永远是对的"一直作为企业恪守的一条金科玉律，指导着企业的人力资源发展战略和企业服务营销战略。也正是在这一理论的指导下，企业满足了顾客的真实需求，从而取得了企业的长远发展。

但员工和顾客，孰轻孰重？又该如何权衡？从因果关系的辩证观点来看，顾客满意这一美好事物应该是员工满意的终极结果。

在顾客满意、员工满意、股东满意构成的系统三角形中，顾客满意是最重要的，这是亘古不变的。而如何实现顾客满意呢？员工满意才是关键。只有企业实施一些措施和制度让员工满意以后，员工才可能向顾客提供满意的服务，才会取得一定的商业利润，最终让股东满意，实现企业的长足发展。

对于领导者来说，在企业的实际运作中，他们一直强调要为消费者提供最满意的服务，服务手册、企业理念里面都不知提到过多少次了。但最终的执行效果并不怎么样。领导者必须有这样一个基本的常识：

对消费者的服务、对消费者的关心最终还得依靠企业、依靠企业中活生生的人去实现。

怎样才能实现员工的满意？很多领导者认为让员工的收入稳定、让员工有归属感、提供可以成长和发展的机会和舞台，就可以达到员工的满意。诚然，有很多企业也正是从员工的切身利益出发，构建了企业稳固的人力资源团队和机制。

许多领导者对公司内部员工和消费者的认识上存在一定的偏差：他们认为企业员工应该为企业服务、为消费者服务，这是一种责任和义务。但人总是难逃脱自己深深的个人理想情结，在与企业的各种不利于自己利益的实现的制度和规则的博弈当中，他们会本能地偏向自己的那层利益。

领导者要重视鲶鱼型人才的需求，要清楚鲶鱼型人才的重要性。

创造好的发展平台

虽然现在的鲶鱼型人才已经由"经济人"向"社会人"转变，但是经济仍然是鲶鱼型人才生存的基础，工资是员工衡量自己价值的尺度。领导者必须在工资上为鲶鱼型人才考虑：

首先为人才提供有竞争力的薪酬，使他们一进门便珍惜这份工作，竭尽全力，把自己的本领都使出来。支付最高工资的企业最能吸引并且留住人才，尤其是那些出类拔萃的员工。这对于行业内的领先公司，尤其必要。较高的报酬会带来更高的满意度，与之俱来的还有较低的离职率。一个结构合理、管理良好的绩效付酬制度，应能留住优秀的人才，淘汰表现较差的员工。

其次把收入和技能挂钩。建立个人技能评估制度，以雇员的能力为基础确定其薪水，工资标准由技能最低直到最高划分出不同级别。基于技能的制度能在调换岗位和引入新技术方面带来较大的灵活性，当员工证明自己能够胜任更高一级工作时，他们所获的报酬也会顺理成章地提高。此外，基于技能的薪资制度还改变了管理的导向，实行按技能付酬后，管理的重点不再是限制任务指派使其与岗位级别一致。

再次增强沟通交流。现在许多公司采用秘密工资制，提薪或奖金发放不公开，使得员工很难判断在报酬与绩效之间是否存在着联系。人们既看不到别人的报酬，也不了解自己对公司的贡献价值的倾向，这样自然会削弱制度的激励和满足功能，一种封闭式制度会伤害人们平等的感觉。而平等，是实现报酬制度满足与激励机制的重要成分之一。

最后参与报酬制度的设计与管理。与没有员工参加的绩效付酬制度相比，让员工参与报酬制度的设计与管理常令人满意且能长期有效。员工对报酬制度设计与管理更多地参与，无疑有助于一个更适合员工的需要和更符合实际的报酬制度的形成。

能否留住人才是一个企业成功与否的关键，而良好的工作环境是留住人才的关键。

这里所说的"工作环境"，是"硬件"和"软件"两个方面的综合。"硬件"包括物质报酬、办公设施等，惠普的观点是，良好的办公环境一方面能提高工作效率，另一方面能确保员工们的健康，使他们即使在较大压力下也能保持健康平衡。

作为全球著名企业惠普公司，一直以来都在倡导"以人为本"的办公设计理念，对办公桌、办公椅是否符合"人性化"和"健康"原则进行严格核查。惠普在每天上下午设立专门的休息时间，员工可以放轻松音乐来调节身心，或者利用健身房或按摩椅"释放自己"。

相对"硬件"而言，惠普更重视"软件环境"的建设。作为一家顶级的跨国企业，惠普有着悠久、成熟的企业文化。

惠普公司的领导者遵奉这样一个原则："相信任何人都会追求完美和创造性，只要给予适合的环境，他们一定能成功。"

本着这个信念，惠普着力营造轻松和谐的工作氛围，充分信任和尊重员工，让他们时刻保持良好的情绪，充分发挥才能和想象力。人力资源部在这方面起了很大作用，不但注意协调公司内部的人际关系，还专门开设了各种各样的课程，免费为员工进行培训。

领导者要想人才为企业更好地工作，就必须为人才设计良好的环境，让人才处在这样的环境中，身心都能够得到放松，以发挥自己最大的潜能。

让人才产生归属感

领导者要让鲶鱼型人才产生归属感，让他把自己的工作当作一份事业来做，至于把企业当作家那就大可不必了。

IBM总裁曾说过，"你可以夺取我的财富，烧掉我的工厂，但只要你把我的员工留下，我就可以重建一个IBM！"这就不难解释为什么众多领导者处心积虑地留住公司人才，且利用一切机会网罗公司外部人才的原因。

领导者必须加强培养鲶鱼型人才的归属感。

人才的归属感首先来自待遇，具体体现在员工的工资和福利上。衣食住行是人生存最基本的需求，买房、买车、购置日常物品、休闲等都需要金钱，这都依靠员工在公司取得的工资和福利来实现。在收入上让每个员工都满意是一项比较艰难的事情，但是待遇要能满足员工最基本的生活需求才能在最基本的层面上留住人才。因此，待遇在人才管理中只是一个保健因素，而不是人才留与走的激励因素。

个人的期望是赋予鲶鱼型人才归属感的重要内容。每个人都会考虑自己在企业中的位置与价值，更注重自己未来价值的提升和发展。个人价值包括技术能力、管理能力、业务能力、基本素质、交涉能力等，领导者提供机会帮助员工增强以上能力，是企业增强魅力、吸引人才的重要手段。

增强鲶鱼型人才归属感还需要特别注重他们的兴趣。兴趣是最好的老师，有兴趣才能自觉自愿地去学习，这样才能做好自己想做的事情。作为领导者应该尽可能考虑鲶鱼型人才的兴趣和特长所在。擅长搞管理的，尽可能去挖掘、培养他的管理能力，并适当提供管理机会；喜欢钻研技术的，不要让其去做管理工作。

让鲶鱼型人才感觉到个人的重要是归属感营造中的重要内容。任何人都希望让别人喜欢他，让别人认可他，让别人信服他，让别人觉得他重要。

在当今企业中，领导者应该以全新方式看待自己的鲶鱼型人才，视他们为具有无限潜力的人才。

事实表明，由情感投入的鲶鱼型人才所组成的团队，往往能获得杰出的成果。而且，当顾客感到员工用热忱与真诚对待他们时，他们一定也会以相同的情感回应。这种员工与顾客之间的情感投入和情感互动，会变成企业持续成长的因素。

人无完人，任何人都有优缺点。与其徒劳地矫正鲶鱼型人才的缺点，不如重视发掘与善用他们的优点。研究表明：人类通常有24种情绪天赋，这些天赋通过人的思维、感觉与行为体现出来。对这些天赋进行分类，可以帮助领导者深入了解员工，并善用他们的长处。比如，有容易赢得他人信任的"领导者"；有擅长把枯燥的主题都表达得生动有趣的"沟通者"；有习惯与人比较的"竞争者"；有能预感冲突并化解纠纷的"和谐者"；也有能了解他人，具备"换位"思维的员工。

越来越多的领导者意识到，懂得欣赏和运用鲶鱼型人才的天赋，是提高鲶鱼型人才绩效的关键。一个高级人才不只具备一项天赋，比如客户代表至少就要有"沟通"和"换位"思维的天赋。

了解某个职位应具备哪些天赋的最好的方法是细心观察高绩效者：首先，找出促使其具有高度热情的原因，密切观察他如何建立关系，然后留意他们对别人的影响，最后请教他们如何处理信息，如何形成对工作的相关意见。

　　领导者需要和鲶鱼型人才情感上形成互动，这样才能够使得管理出现最优的成绩。

给员工自己一点成长的空间

前面我们提到了鲶鱼型人才是可以培养的，也就意味着随着时代的变化，企业需要不同类型的鲶鱼型人才来增强企业的活力，因此，管理也应当促进和帮助鲶鱼型人才实现自我的管理和不断地成长。

微软的一条很重要的用人原则是："人的最高需求是自我实现，也就是自我的管理。"

正如微软的观点所说，世界上唯一不变的就是变化，变化才是这个时代的永恒主题。变化无处不在，竞争随处可见。即使我们今天享有盛誉，无所不能，我们也无法保证明天能够继续获得成功，继续享受盛名。竞争者随时会在我们的身边出现，我们今天的位置随时都可能被取代。我们需要做和所能做的就是积极应对变化，随时做好应对变化的心理准备，不断适应新的环境，不断地激励与发展自我，不断更新和改善我们的工作习惯和工作技能，使我们的脚步跟上变化的节奏，持续保持战斗力和生命力。今天的工商业竞争异常激烈，商务培训已不再是一项奢侈的开支，而是一种必需，日新月异的现代社会发展要求人们的工作习惯和方法也随之发展。在西方国家，人们在观念上已不把培训当作一种成本，而是作为一种投资、一种福利、一种激励方法写在单位经营计划里。用培训凝聚人心、鼓舞士气，激励员工不断保持高涨的工作热情，情绪饱满地工作。员工在单位里所得到的东西也绝非高额的薪水，优厚的待遇那么简单，与优厚的薪水相比，能够获得丰富的技能培训，不断增长见识，提高技能水平也是衡量知识型员工满意度的重要方面。

如果看不到发展的前景和进步的希望，员工就会因得不到有效的激励而没有工作的激情，因没有超越的愉悦而懈怠，而思变，长此以往，人员流失将是一个令单位头疼的难题。试想，让一个持有博士学位证书的人在银行做数钱的出纳工作，却从不增加工作的内容，不给予培训和提拔的机会，纵使月薪数万，他能够坚持多久，他敢坦然面对吗？他敢保证明天自己还呆在这个位子上？为此，许多跨国单位不惜重金建立了自己的培训基地，有的单位甚至建立了专门用于员工培训的学校，使得单位不仅仅是一个工作的场所，也是一个获取知识的课堂，员工在单位不仅仅为了付出而感到快乐，更会因为获得更多付出，而为单位贡献才智。所以培训作为一种激励手段对员工保持持久的工作热情和工作能力是非常必要的。但是，单位毕竟资源有限，整天忙于生产经营，能够用于培训员工的人员、时间和精力都非常有限，大部分单位所能够组织的只是一些领导者或重点员工的培训，甚至有些单位不具备培训的能力，无法组织有效的培训。马斯洛的需求理论告诉我们，人的最高需求是自我实现，也就是自我的管理。要想达到完全意义上的自我实现，离不开员工自己每日的自省与自励，只有持续地坚持学习，坚持每日进步，每日修炼，才能不断超越自我，在迈向成功的终极路途上受到的机遇垂青并抓住机遇，达到最终的自我实现。结合这两个方面的考虑，我们单位必须给员工提供自由发挥的空间，不断强化员工的自我培训，为员工提供可供学习和进步的空间与时间，帮助员工在自我的教育与训练当中获得提高和发展，达到自我充电的目的和培训的效果。

给员工提供个人事业空间

真正聪明的领导者用充分的发展空间、专业的挑战性、工作的创造性和各种各样的机会来吸引鲶鱼型人才,而不是刻意地挽留。

大多数单位领导者心目中的理想员工是这样的:对工作有激情,喜欢新的工作内容,希望参与较大项目,希望学习新东西,希望建功立业,等等。但是,单位是否具备吸引这样的人才的条件?或者说,有没有为鲶鱼型人才的雄心勃勃提供了他们发展的空间?所以,真正聪明的领导者总是用这样的条件去吸引他想要的员工,即充分的发展空间、专业的挑战性、工作的创造性和各种各样的机会,而不是刻意地挽留。

为了让每一位员工都有事可干,单位必须将自己的总体目标细化,使每一位员工都有明确的工作目标,并以此作为对员工进行考核的标准。目标的制定要特别考虑两点:一是要考虑员工的兴趣,二是要有一定的挑战性。只有每一位员工都有了自己明确的目标,他会感到自己在单位"是有用的人"和"是有奔头的",才愿意在单位长期地干下去,这便是我们许多老总常挂在嘴上的"事业留人"。

让员工了解单位的发展战略,使员工在单位发展过程中获得成功。如果单位能够通过为员工制订职业生涯规划,使员工看到单位的发展前景,看到其自身在单位的希望,他便会全力以赴地投入工作。

对于许多领导者而言,对于下属员工的态度中总是含有一丝的恐惧,"我的下属这么能干,他会不会取代我的位置?不行,我要先采取行动,可不能让他的业绩太闪光"。这种想法对于单位的发展来讲是极其危险的，遏制了员工个人潜力释放的同时也造成了单位的发展停滞。如果你的上司是这样的一个人，我想你也会选择离开。所以，在单位中衡量一个领导者工作有效性的尺度之一就是其下属成绩如何，如果他们得到了很好发展，就会更容易接受组织中其他任务，自然会增加对单位的忠诚，他会留下来。

每一个员工的潜力都是一座宝贵的矿藏，即使是最平凡岗位上的员工。我们经常听到经理们抱怨下属员工的潜力已经用尽，其实不然，我们认为每个员工的潜力都是巨大的，他在于你用什么样的方式去发掘。如果员工感觉到了上司对于自己潜力的这种否定，他不选择离开才怪。因此，要激励员工对于自身潜力的再开发，引领他们向着更高的目标不断前进。

许多岗位要求从业人员具有一定的资格、教育、声望等等，你如果想吸收并留住这些岗位的专业人员，就要展示对他们的地一和资格的尊重。这种尊重和赞赏会有所回报。轻视专业声望，你就会"迫使"一些重要员工转而寻求那些认同他们职业特征的岗位。树立员工专业声望的方法有：在单位的各项宣传中对标明身体的头衔；在员工的个人名片中予以充分显示；鼓励员工参加各项同业活动及继续教育；为员工专业知识的使用提供工作舞台。

任何一项业务都有孕育、成长、成熟、衰落的生命周期，因此，持续成长的单位必然是这样一幅景象：一方面是拓展守卫核心业务，同时还要不断建立新业务以及创造有生命力的候选业务。这样既是单位持续成长、永续经营的必然要求，同时又能为单位的那些关键人才们赋予新的创业机会，保证他们持续的创业激情。

约束鲶鱼型人才过度行为

没有规矩不成方圆，企业管理，必须有规章制度，制度是用来约束员工行为的，通过约束使得员工的行为符合企业的核心价值观。但是再细致的企业制度也会有鞭长莫及的时候，在制度约束不到的地方，只有企业的核心价值观能够去指导员工的行动。

当鲶鱼型人才已经完全接受了企业的核心价值观时，其行为会超过制度的要求。所以当员工的价值观与公司的核心价值观一致后，规章制度就没有什么用处了，制度约束的行为已经变成了鲶鱼型人才的自觉行为，这就是以价值观为本的组织控制，是价值观的巨大力量。

有些领导者在企业文化建设时比较急功近利，试图通过企业文化建设快速解决企业经营管理中出现的问题。一旦现实与自己的想法产生偏差，就认为企业文化太虚，没有实际作用。

如同知识本身不承载价值一样，为企业文化而建设企业文化基本上是徒劳的，企业文化不是一杯可以随时解渴的水。

领导者建设企业文化的根本出发点是为了约束员工的行为，最终使得员工的行为达到一种不受到任何约束而自觉服从于企业目标的境界。

企业领导者要通过有效的方式形成企业核心价值观，并以此作为种子要素孕育良好的企业文化，在此文化中通过沟通信仰、传递愿景和从事所有企业实践，强化核心价值观，使全员认可并内化企业核心价值观以形成持久的行为。

以价值观为核心的企业文化就像空气一样存在于组织之中，它的存在远胜于有形的规范，企业的行为不可能全部用文字规范下来，只有依靠文化的力量才能实现。这种规范进入理念层面，不符合这种规范的行为会被文化无形的力量纠正，不认可这种规范的人会被企业排斥。

约束鲶鱼型人才行为，同样要对激励的禁区做一番考究。

激励的禁区主要有以下几个方面：

一、激励采用运动方式

许多人喜欢用运动的方式来激励。形成一阵风，吹过就算了。一番热闹光景，转瞬成空。不论什么礼貌运动、作家运动、意见建议运动、品质改善运动，都是形式。而形式化的东西，对人来说，最没有效用。领导者注重实质，唯有在平常状态中去激励，使大家养成习惯，才能蔚为风气，而保持下去。凡是运动，多半有人倡导。此人密切注意，大家不得不热烈响应；此人注意力转移，运动就将停息。但运动绝对不可能持久。

二、任意破例

激励固然不可墨守成规，却应该权宜应变，以求制宜。然而，激励最怕任意破例，所谓善门难开，恐怕以后大家跟进，招致凡事无序可循，那就悔不当初了。领导者为了表示自己有魄力，未经深思熟虑，就慨然应允话说出口，又碍于情面，认为不好失信于人，因此明知有些不对，也会将错就错，便铸成更大的错误。有魄力是指既然决定，就要坚持到底。所以决定之前，必须慎思明辨，才不会弄得自己下不了台。领导者喜欢任意破例，员工就会制造一些情况，让领导者不知不觉中落入圈套。冲动中满口答应的领导者，事后悔恨不已的也不乏其人。

三、大张旗鼓进行激励

好不容易才有一次激励，就要弄得热热闹闹，让大家全知道，花钱才有代价，这种大张旗鼓的心理，常常造成激励的反效果。被当作大张旗鼓的对象，固然有扮演猴子让人耍的感觉。看耍猴子的观众，有高兴凑热闹的，也有不高兴如此造作的。一部分人被激励了，另一部分人则适得其反。对整个组织而言，并没有得到什么。

四、严重偏离团体目标

目标是激励的共同标准，这样才有公正可言。

对待鲶鱼型人才不但要有制度上的约束，还要在企业核心价值观上对鲶鱼型人才进行适当的培养。

把单位交给员工

为了调动鲶鱼型人才的积极性，许多单位设法让鲶鱼型人才成为单位的主人。然而，只有充分尊重他们的权利，他们才会将单位视为自己的，才会为单位积极地工作。戴那单位的麦克佛森总裁的经营秘诀就是"把单位交到员工手里"。

麦克佛森让单位的90名"工厂领导者"（厂长）直接控制自己厂里的人事、财务、采购等等，这就使人事、行政、采购和财务等各部门的权力分散了。这似乎有悖经济原理，因为从理论上讲，集体大量采购是压低单价，节约费用的良方。但是，麦克佛森却认为集体采购是行不通的。90个"工厂领导者"为每一季的目标负责，若是集体采购，在90天之后，会有人跑过来说："本来计划是可以完成的，但是那个该死的采购领导者没有准时把我要的钢铁买回来，所以我没办法达到目标，也许下一季……"而在采购部门的权力分散后，如果有几个"工厂领导者"感到有必要的话，他们就会自己联合起来压低成本。

戴那单位没有作业准则，也不用写报告，一位执行副总裁说："我们有的只是信任！"他们充分尊重每一位员工。在80年代初，时逢经济萧条，单位被迫辞退一万名员工。为此单位每星期都要给每位员工送一份通讯录，在这份通讯录中大胆指出下一个可能裁员的是哪些部门，并指出被裁员部门的员工前途怎样。这种做法富有成效。裁员后，购买股票的员工超过80%，包括被辞退的员工。而裁员前，80%的员工只是通过自由入股计划成为单位股东的。

在麦克佛森的经营下，由于他"把单位交到员工手里"，在 70 年代，戴那单位的投资报酬率在财星五百大单位中跃居第二。而这家位于俄亥俄州托来多市的轮轴制造单位，曾被认为"拥有有史以来财星五百大单位中最差劲的生产线"。1979 年至 1981 年间，虽然受到经济危机的打击，该单位却迅速恢复了元气。

坚持人尽其才的主张

领导者在任用鲶鱼型人才时应该坚持"用人不疑，疑人不用"的原则，既然用了，就要以其绝对的信任，给予广阔的空间，使其人尽其才。也只有这样，人才才会绝对信任领导者，投桃报李，为领导者尽展其才华。成功的领导者大都爱对部下说："你们放手去干好了！"这既是一种鼓励，又是一种放权，因为他们非常明白：只有让手下放手施为，尽其所能，才能创造出更辉煌的成绩。

周恩来总理在人尽其才方面给我们许多有益的启示。新中国成立以后，中国共产党为打天下，变成了治天下，如何使用那些戎马一生，功勋卓著的老帅们、将军们和民主人士，使其一展其长，为新中国效力，周恩来可谓费尽苦心：陈毅，人称儒将，文能治国，武能安邦，把大上海交给他管理，更能尽其才；贺龙，"两把菜刀闹革命"，戎马生涯之余，喜欢玩玩球，锻炼身体，体委主任最为适合；溥作义，这位对和平解放北京有过特殊贡献的将军，曾在兴修河套工程方面做过许多工作，由他担任水利部长，当能胜任；解放前一直拒绝做官的民主人士黄炎培，德才兼备，出任政务院副总理兼轻工业部部长，恰如其分……在周恩来的安排下，可谓人尽其才，为中华民族的振兴做出了巨大贡献。

在当今企业界中，更多的领导者认识到了人尽其才的重要性，并用之于实践，大都取得了良好的效果。日本丰田汽车公司领导者丰田喜一郎充分信赖销售专家神谷正太郎，让其不受任何约束地工作就是一个突出的典型。事实证明，丰田喜一郎是正确的，神谷正太郎无愧于一个销售天才。他为丰田汽车公司的飞速发展立下了汗马功劳，用尽了自己的聪明才智，但他对丰田始终忠诚不贰。人尽其才的任人准则在此得到最充分的体现和证明。今天的领导者们应该加以借鉴和应用，以减少人才资源的浪费，同时促进企业或事业的发展！

适时扩大下属的职责

每个人都喜欢有责任性的工作，对于大部分的鲶鱼型人才来说更有这样的想法："让我从事责任更大的事吧！"或者说"责任感愈重之事做起来越有价值。"

为什么他们想负这么多的责任？最大原因在于愈有重责则表示此人愈有能力。不过给了某人责任之后，相对地也要赋予相当的权限，在此权限内，可以依照自己的方法做事。低层工作人员或从事单纯、辅助性工作的人员，即使能圆满完成任务，总不觉得负有什么责任，这是因为他们不能依自己理想做事之故。

每个人都有强烈的欲望，希望别人看重他，故想多负担一些责任。因为负担了责任，自己就有责任感，换句话说，给了某人责任与权限，他就可以在此权限范围内有自主性，以自己个性从事新观念的工作，因此他就拥有了可以自己处事的满足感与成就感。

一、不要做个啰嗦的主管

主管若过于啰嗦，无论大小细节都要说明、吩咐，只有徒增部属的烦腻，同时部属也会觉得自己根本无需负责，于是欠缺责任感，工作意念也随之降低。在啰嗦的主管吩咐下的工作人员，其责任感较公司给予概括的指示，然后一切细节由工作人员自行负责者来得低，这可以由下面例子得到全盘的认识。

某公司里一位 A 股长调职，继任者是 B 股长。不到一年的时间，该部门生产量增加了 16%，在此我们研究了 A、B 股长的作风。A 股长一天到晚楼梯爬上、爬下，不厌其烦地指示部属；但 B 股长作风就迥然不同了，任何事都仅指示大纲，一切细节则由部属自行负责，他也不限制部属的自由，完全尊重他们，部属因为依照自己的想法做事，愈做兴趣愈浓，也希望将该事做到完美的境界，因此责任感很强。因二人作风不同，工作成效也大不相同。

照这个例子看来，不仅要让工作人员负责任，而且要赋予相当的权限。所谓权限即是可依照自己意志做事，如此才能提高工作效率。

二、权责必须平衡

责任与权限必须均衡。我们所说赋予工作人员权限即让他们在自己意志下工作的范围。很多主管对属下只强调责任，而极少赋予权限，只是一次次地指示他们，以致部属根本毫无机会依照自己的办法去做，在此状态下，无论你如何强调责任都无法收到预期的效果。

在许多公司、机关中，责任与权限无法合二而一。权限都集中于领导者，部属仅负责任而已。须知无论何事，一旦欠缺权限则产生不出责任，因此责任与权限始终必须一致。

赋予某人责任即让对方负责之意，这点每个人都必须明了，也因此工作范围须划分清楚，如此，个人所负担的责任即分担工作范围内的责任而已。

说了这么多，责任到底是什么呢？那就是工作人员有完成工作的义务，假若无法完成或工作成果不好时，就非要负责任不可了。这所谓的责任并非要你提出辞呈，或者要你等待受罚，而是你仍须将失败处弥补至完美为止，使其影响降至最低限度，而且要追究失败的原因，决不可再重犯。

你的部属做错了事，你自己也不能免除责任。故当自己的属下失误时，在处罚部属之前必须自己先反省一番，看看自己的做法是否不当，导致失败的原因何在，并且要改善缺失，这才是主管人员的职责所在。

在与年轻人的交谈中，大家都认为："任何一件事上，领导者若信任我们，可放手让我们单独去做，我必定会更加卖力。"

说这些话的人进入公司服务都一年多了，他逐渐地学会做每一件事，新鲜感再加上丰富的经验，他愈做愈有味道。反之，若经年累月做同样的工作，时间一久他会觉得枯燥无味、单调无比，原先的工作热忱也渐渐消失了。故主管人员应依照员工们工作熟练程度，由最基本的D级工作晋升做C级工作，再由C级跳到B级，如此一级级地赋予较高级的工作，他们做起事来也不致有厌倦感。

工作编排并不只限于纵的方面赋予高级工作，有时也可在横的方面赋予范围更广的工作，这道理都是一样的。

一步步学会了更高深、更广泛的工作，即表示积累了相当的经验，思想愈加成熟、充实，做起事来也格外干劲十足。

敢于大胆地放权任人

美国管理家史蒂文·希朗说，一个成功的领导者应该懂得"一个人权力的应用在于让他们拥有权力"。可见，领导者学会放权任人也有极重要的意义，如果领导者事事必躬，权无大小全都由自己一人掌握，恐怕即使是三头六臂也应付不了。

我国古代的许多领导者就懂得放权任人。唐玄宗李隆基即位初期，任用姚崇等名将名相，其中就很讲究用人之道。有一次，姚崇就一些低级官员的任免问题向唐玄宗请示，连问了三次，唐玄宗都不予理睬。姚崇以为自己办错了事情，慌忙退了出去。正巧高力士在旁边，劝李隆基道："陛下继位不久，天下事情都由陛下决定。大臣奏事，妥与不妥都应表明态度，怎么连理都不理呢？"唐玄宗说："我任崇为政，大事吾当与决，重用郎使，崇顾不能而重烦我邪？"表面上看，玄宗是在批评姚崇拿小事麻烦他，实际上是放权姚崇让他敢于做事。后来姚崇听了高力士的传达，就放手办理事情了。史载姚崇"由是进贤退不肖而天下治"。正是因为唐玄宗敢于放权用人，使各级官吏都能充分发挥自己的才能，历史上出现了著名的"开元盛世"。

现代经济条件更要求企业领导者放权任人。劳勃·盖尔文，1964年继承父业，担任蒙多罗娜公司的董事长兼最高主管。他掌管公司以后，"将权力与责任分散"，以维持员工的进取心，蒙多罗娜公司从而竞争力大增，业务突飞猛进，1967年增加到15亿，1977年又增加到20亿美元。盖尔文说："公司愈大，员工愈渴望分享到公司的权力，在比较大一点的公司，每一个人显然都希望能感觉到自己就是领导者，因此，我们现在要做的，正是要把整个公司分成很多独立作战的团队，因为只有这样，能够使大部分人都分享到盖尔文家族新拥有的权力和责任。"他还说："通常，我们计划的原则仍然是尽量创造机会，让比较多的人参与管理工作，分享权力与责任。"事实已经证明，盖尔文放权策略是成功的。

放权任人，不仅能够减轻领导者自己的工作压力，更重要的是，能够增强鲶鱼型人才的责任感和积极性，极大地有利于企业的发展。因此，领导者在任用鲶鱼型人才时要敢于放权，而不要搞权力专制。当然，在放权过程中要把握好"度"，"过犹不及"，"物极必及"。权力的集中与分散是相辅相成，相互制约的，绝对的集中和绝对的分散都会走向失败。总之，领导者在放权时，能放也要能收，做到收放自如。

第9章 正确管理鲶鱼型人才的再思考

任何组织引进人才都是有度的，不仅是人才总量上有限制，而且不同人才也应该有一定的限制。鲶鱼型人才能够保持组织的活力，保证组织成员都紧张和快节奏起来，对组织发展有极大的好处。但这种人才的引进也应该有度，如果组织中尽是一些这样的人才，那么对组织发展同样是不利的。因为这些人才不仅会极大地破坏组织的固有文化，而且还会互相残杀。因此，如何让他们的个人英雄主义情怀有利企业的发展，又要避免他们之间的相互残杀对企业的破坏，是领导者应该深入思考的问题。

个人英雄主义

团队意识强调团队内部各个成员为了团队的共同利益而紧密协作，从而形成强大的凝聚力和整体战斗力，最终实现团队目标。而个人英雄主义则过分强调充分发挥团队内部每个成员的主观能动性、独立性、积极性和创造性，最大限度地挖掘成员的个人潜能，实现个人价值的最大化，最终推动团队业绩的整体提高。团队意识和个人英雄主义是一对辩证又统一的矛盾。

团队意识和个人英雄主义在管理中虽然是一对矛盾，但在成功的管理必须具有两者，缺一不可。团队意识的强弱决定团队整体战斗力。管理工作是一个系统而整体的工作，光靠几个人或单方面的工作是不可能完成的，在现代团队管理理论中也强调充分利用各种资源，并实现最佳组合，形成最大的竞争力。所以加强团队意识的培养是提高管理队伍战斗力的重要前提。同时市场内外部环境瞬息万变，因而管理工作战略和战术也是动态的，需要根据环境的变化而随时调整。所以管理是一项无固定模式，需要充分发挥创造性思维，不断创新地工作。而个人英雄主义的强弱则在一定程度上决定了团队成员工作主动性和创造性，也在很大程度上影响了团队的整体创新能力和工作质量。加强领导者团队意识的培养，并正确引导团队成员充分发挥个人英雄主义是搞好管理工作的基础。这就要求领导者做到以下三点：

一、在员工中牢固树立团队利益至上的思想

要加强对员工的宣传和教育，尤其是在员工的培训中，要重复灌

输团队利益至上的思想，只有整个团队业绩提高了，自己的才能才会得到最大限度地发挥，人生价值才能得到最大限度地实现；在日常管理工作中领导者要心胸开阔，公平公正，无私奉献，为人师表，身先士卒；要不断加强成员之间的沟通与合作，强调整体作战的重要性，充分整合各种资源，充分发挥每个成员的才能；让每个员工都充分认识到自己离不开团队，团队离不开自己，不断增强成员的责任感和使命感，进而不断提高成员的团队意识，形成强大的凝聚力和战斗力，形成一种和谐的企业文化。

二、正确引导鲶鱼型人才发扬个人英雄主义

要让鲶鱼型人才真正理解个人英雄主义的内涵和实质，正确发扬个人英雄主义的重要意义。在工作中要合理授权，给员工更多自由发挥自己主观能动性的机会；对工作中遇到的难题要集思广益，积极征求员工的意见，充分发挥员工的创造性思维，在工作上不断创新和提高；要让员工在遇到困难时放弃等靠要的依赖思想，充分发挥主观能动性，创造性地开展工作。通过个人英雄主义的有效发挥，可以提高员工的竞争意识，提高员工的个人综合素质，这样也能使团队的战斗力也会大大增强。

三、个人英雄主义要服从于团队利益

团队意识和个人英雄主义在特定的条件下同时存在必然会产生一定的冲突和矛盾。如果处理不当，势必会影响团队的整体战斗力。根据团队利益至上的原则，个人英雄主义必须永远服从于团队利益，必须在维护团队利益的前提下发扬个人英雄主义。同时也必须注意，不

能过分压制个人英雄主义的发扬,否则团队会缺乏创新力,跟不上市场形势的发展。当然也不能过分强调个人英雄主义,过分强调就会形成员工之间缺乏合作精神,各自为政,目标各异,个人利益就会占据上风,企业利益就会被淡化,整个企业很可能成为一盘散沙,不堪一击。

鲶鱼型人才的个人英雄主义应该服从团队的利益,不要为了逞个人英雄而行动,应该为了团队利益的实现而行动。

应该树立的竞争意识

人类社会是一场竞争。对于失败者来说,竞争很残酷,竞争者的精神高度紧张,并非所有的人都喜欢竞争。但如果你放弃竞争,别人包括你的父母,就会说你是无能,被人瞧不起。所以我们每人生在这个社会,都被迫参与这场马拉松。人类社会之所以要竞争就是因为资源的有限性和人需要的无穷性形成了矛盾。人首先需要氧气,其次是食物、水、衣服,还有房子、交通工具等等。除了氧气之外,这些东西都不是免费的,都是有限的。人离了食物、水、衣服和房子就没法生存,所以人就有不安全感,就有聚敛这些财富的欲望,而且这个欲望是没有止境的。即使一个人拥有足够他这一辈子所需要的财富,他还要为他的下一代着想,还要为他们聚敛财富。有限的财富加上无限的欲望,就是竞争。

每一个人必须有竞争意识,在企业内部要有竞争意识,毕竟任何组织的岗位是有限的。今天端坐在位置上的你如果放弃了竞争,就容易被其他人赶上,进而失去自己的职位。在企业外部,同样要有竞争意识,在今天市场竞争日益激烈的情况下,领导者如果没有了竞争,他所领导的企业就是十分危险的,很可能被竞争对手给吞掉,领导者同样也会陷入不安全的境地。

虽然领导者必须有竞争意识,但是领导者在竞争中一定要注意以下三个方面的问题:

一、竞争之中容不得妒忌

在竞争的赛跑中,妒忌表现为绊倒实力比自己强的人,或讲别人坏话,不让对手超过自己,这种犯规动作既伤害了强者取胜,对自己也绝无好处。妒忌在竞争中是无能和卑鄙的代名词，竞争最忌讳的就是妒忌。在企业管理中，经常有一些能力比较差却受到重用的人，领导者没有必要气愤与妒忌，应该客观公正地去评价，要对这人进行全面了解之后再做评价，而不能把社会生活中的一切利害关系夹带进去，带上个人感情色彩，这样才能得出正确结论，才能使管理工作正常有序地进行。

二、在竞争中应保持心理稳定，避免情绪大起大落

有竞争就有强弱之分，弱者必须承受得住失败的打击。领导者在这次竞争中遭到失败，并不代表领导者在将来的竞争中注定也要失败；领导者在这方面的竞争中失败，并不说明领导者事事不如人。面对失败，领导者所要做的就是克服自卑的心理，选好努力的方向，下决心追赶上去。自暴自弃的思想对于领导者来说是十分要不得。还有一类领导者往往因为在竞争中失败而产生嫉恨和报复的心理，这充分暴露了其狭隘自私的性格。领导者在竞争中一定要保持情绪的稳定，这是心态健康的重要特征。

三、人人都有成功的机会

人的一生中充满了各种竞赛和竞争，成功有先后，胜利会迟早，社会总是前进的，所以每个领导者都应以乐观向上的态度投入竞争，竞争之中要保持良好的合作，在取得成功以后，千万不要忘记提携幼弱同胞。千万不能为了争一日之长短而有损于自己的素质与品德。对于领导者来说，事业上的竞争与做人是不矛盾的，良好的品格修养只会在竞争上有利于你。

领导者将鲶鱼型人才引入组织就是要培养整个组织的竞争意识，只有整个组织具有竞争意识，组织的活力才得以体现。

团队合作精神不可缺少

企业是一个为了完成共同使命而组建的团队,只有全体成员都对企业使命有明确的共识并愿意为共同的目标努力奋斗,这个企业才有望成功。作为企业的领导者必须有团队精神,这样才能带领企业在市场竞争中生存和发展。

"团"是军队编制中的一个基本战斗单位。作战部队唯有在指挥官正确指挥下精诚团结,对完成的使命抱必胜的信心而奋勇战斗才会获得卓有成效的战果。把这种争取集体成就的精神延伸到企业中来鼓舞全体员工为赢得市场竞争优势而努力工作的精神就叫团队精神。这种精神要求企业的全体成员要团结得像一支有纪律、有战斗力、有明确奋斗目标的部队,为获得企业发展荣辱与共。

每一个企业都有它的价值观。而企业的价值观是由成员们知道企业的价值在于干什么的共识构建起来的。这种共识是团队精神的基础。最基本的共识源于每个成员对各自利益的认可以及每个成员知道自己应该把什么事情做好,从而建立起共同的立场。只有每个成员都知道,为达到团队目的,自己应该做好什么事情并且也清楚地知道,作为优秀的员工不仅能得到合理的报酬而且有提高技能获得升迁的机会,这样才能使得企业价值观有合理的基础。

当然,团队精神的建立需要时间。领导者一旦组建成功了一个企业就有了团队的雏形。问题在于领导者是否能使它具备团队的团结一致的战斗精神,从而使企业具有"团队精神"而虎虎有生气。

毫无疑问，领导者所要做的第一步就是树立自己企业的长期经营发展目标，并制定达到这个目标的计划。同时还要通过简短的有号召力的短语来体现企业精神、鼓舞员工士气。这些软性的激励还是不够的，企业要想获得团队精神，领导者还必须为保证企业正常运转制定合理的能引发员工积极性的规章制度。第二步就是领导者通过自己的魅力来激励你的员工，以你自己的言行为表率来带动员工和自己并肩奋斗。只要坚持下去，领导者就一定能够形成以自己为首的团队，当然也包括团队精神。

在形成团队精神的过程中，对一些有才能的人必须区别对待。有些人认为区别对待的做法会严重影响到团队精神，但是只要看看棒球队是如何运作的：虽然每个人都必须认为比赛里有自己的一份，但是这并不意味着队里的每一个人都应该得到同等对待。比赛就是如何有效地配置最好的运动员。谁能够最合理地配置运动员，谁就会成功。因此，适当的区别对待是允许的，也是应该的，否则会挫伤团队成员的工作积极性。

此外，领导者必须清楚地认识到团队精神不等于集体主义或者整体主义。集体主义强调集体利益的道德权威性，坚持集体利益高于个人利益，个人利益服从集体利益。它强调人的整体协作，追求趋同，而埋没了人最本质的东西——个性与特长。这样就造成了以下的后果：多数服从少数，唯命是听，唯命是从。而人的个性创造、个性发挥，最终则被扭曲和抹杀掉了。

对于一个团队来说，它的精神基础应该是挥洒个性。《团队的智慧》

的作者在书中反复强调：团队不是指任何在一起工作的集团。团队工作代表了一系列鼓励倾听、积极回应他人观点、对他人提供支持并尊重他人兴趣和成就的价值观念。根据运动团队理念，韦尔奇先生所组织的团队具有以下的特点：一是团队成员是经过选拔组合的，是特意配备好的；二是团队的每一个成员都在干着与别的成员不同的事情；三是团队管理是要区别对待每一个成员，并且通过精心设计和相应的培训使得每一个成员的个性特长能够得到发展并发挥出来。这才是真正意义上的团队。

团队精神的核心在于协同合作。团队的根本功能在于提高组织整体的业务表现。无论是强化个人的工作标准，还是帮助成员更好地实现成就，其根本目的就是为了使团队的平均工作业绩超过成员个人的业绩，让团队业绩由各部分组成而又大于各部分之和。

团队的所有工作成效往往是通过协作精神来检验的。我们可以看一个生动的例子：一次，联想运动队和惠普运动队做攀岩比赛。惠普队强调的是齐心协力共同完成任务。联想队在一旁，没有做太多的士气鼓动，而是一直在合计着什么。比赛开始了，惠普队在全过程中几处碰到险情，尽管大家齐心协力完成了任务，但最后还是因为时间拉长而输给了联想队。联想队在比赛前所合计的内容是成败的关键。他们把队员个人的优势和劣势进行了精心的组合：第一个是动作机灵的小个子队员，第二个是一位高个子队员，女士和身体庞大的队员放在中间，殿后的是具有独立攀岩实力的队员。于是，他们几乎没有险情地迅速地完成了任务。因此团队成员在才能上一定要能够互补。共同完成目标任务的保证就在于发挥每个人的特长，并注重流程，使之产生协同效应。

团队精神的境界在于团队的凝聚力，团队精神的最高境界是全体成员的向心力和凝聚力。这是从松散的集合走向团队根本标志。有着一个共同的目标并鼓励所有成员为之而奋斗固然是重要的，但是对于团队来说，向心力和凝聚力一定来自于团队成员自觉的内心动力，来自于共识的价值观。团队必须给成员展示自我的机会，必须确保团队里面没有信任危机，必须保证成员有协作意愿和正确的协作方式。一个团队就要能够不断地释放团队成员潜在的才能和技巧；能够让员工深感被尊重和被重视；鼓励坦诚交流，避免恶性竞争；用岗位找到最佳的协作方式；为了一个统一的目标，成员都自觉地认同必须担负的责任和愿意为此而共同奉献。

最后团队的重要性在于能够创造团队业绩。团队业绩首先来自于团队成员个人的成果，其次来自于集体成果。团队所依赖的是成员的共同贡献而得到的集体成果。它并不要求团队成员都牺牲自我去完成同一件事情，相反它只要求团队成员都发挥自我去做好这一件事情。在高效率的团队中，企业领导者必须尊重成员个人的兴趣和成就。设置不同的岗位，选拔不同的人才，给予不同的待遇、培养和肯定，让每一个成员都拥有特长，都表现特长，培养一种协作的氛围。

领导者将鲶鱼型人才引入组织的同时，还必须对团队进行合作精神的培养。团队合作精神在任何时候都不是一句空话，而是企业生存和发展的基本条件之一。

鲶鱼的致命伤

积极主动的优秀人才往往十分相信自己，相信自己的能力和眼光，相信自己能够做好事情。一旦事实证明自己确实很行，很适应组织，那么他们的这种自信往往会膨胀为一种自负。认为自己的眼光独到，能力超强，能够做好所有的事情。这种自负对自己来说是十分危险的，对组织也同样危险。

如果一个组织种鲶鱼型人才过多，而这些鲶鱼型人才所从事的工作出现重叠的话，最容易出现的现象就是鲶鱼的互相残杀。因为对于这些积极主动，十分相信自己能力的人来说，他希望别人能够听从他们的，他们感觉自己就是掌握着真理，掌握着事实依据。如果不听从他的，后果不堪设想。

其实要完成一件事情方法有很多，每一种方法都可以取得一定的成效，只是消耗的资源和完成的效率有所区别。鲶鱼型人才往往在做事情的方法上有争执，互不妥协。如果领导者支持其中的一方，让他去执行。如果事情办得成功，没有得到支持的人必然会认为如果让他来做会做得更加成功。如果事情办砸了，没有得到支持的人更是认为如果按照他的想法和思路，放手让他来做一定会做得很好。

人们有一个普遍的心理，就是喜欢用想象来代替事实，要么认为别人做的事情是再简单不过的，只要不是太傻和太迂腐都能做好，甚至傻子和书呆子也同样能做好。然而事实并非这样。很多事情看起来很简单，但要做起来往往需要很多流程，而且要有耐心去等待。这些流程和耐心在人们的想象空间中被省略掉了。

鲶鱼型人才的互相残杀往往会表现为对着干，你说往东，我偏往西，往西也同样会到达目标。这是斗气的表现。在这些时候，事实和真理往往是次要的，只要能够在气势上压倒对方就可以了，这样对组织十分不利。其实很多事情做过以后就不可能再重复了，领导者只能让一个人来主持这件事情。至于事情的结果如何是可以看到的，但如果按照另外一个人的想法和思路来做结果会如何是看不到的，因此两者没有任何可比性。没有得到重用的鲶鱼型人才大可不必在这上面大作对方的文章。况且退一步想，如果这次事情做砸了，领导者自然不会对那个曾经信誓旦旦做好事情的人过多地器重，这对自己来说未尝不是个好的机会。

自相残杀从来就没有什么好下场的。用古时攻城杀敌的话来说叫作杀人一万，自损三千。鲶鱼型人才何必将精力放在与对手相互消耗上呢。况且鲶鱼型人才本身在组织中就算是焦点人物，由于他们的言行往往会开罪一些人，他们超强的工作能力也会让一些人不知不觉地产生嫉妒。也就是说鲶鱼型人才在组织中本身就处在一种比较另类和孤立的位置上，没有必要再互相残杀，这样会落人口实的。

电影《东邪西毒》里有这样一句话：我原以为有一种人永远不知道嫉妒，因为他太骄傲了。千万不要相信对方太骄傲，不知道嫉妒。人都有嫉妒心的，这颗嫉妒心要么隐藏在假意恭维中，要么隐藏在恶语中伤中，要么隐藏在冷漠目光中。鲶鱼型人才应该时刻考虑一下自己在组织中究竟处于什么地位，自己究竟在别人眼中是什么样的形象。

如果觉得自己的形象应该更好，那么就继续保持下去，这样会得到最大的利益；如果觉得自己的形象不如人意，那么就及时改正，这样会得到最大的认同。而不要将自己的精力和时间放到互相残杀之中，确实没有必要。

对于领导者来说，如果遇到互相残杀的人才，他们往往会各打三十大板，这样以示公平。事实上很可能有些人完全占理，而有些人完全在胡搅蛮缠。但领导者不会这么认为，他会认为双方都有错，一个巴掌拍不响。如果你在公交车上听到两个人吵架，你会认为他们两个中有一个在理吗？不会，你最初的反应是这两个人真没素质，居然在公交车上吵起来。

将嫉妒心理转化为竞争意识

嫉妒是一种极想排除或破坏别人的优越地位的心理倾向，它是含有憎恨成分的激烈感情。谈起领导者的嫉妒，所有的人都会认为，它造成内耗，对企业有巨大的破坏力。但是如能把嫉妒心理转化为竞争意识，它是一种巨大的推动力。事实上，生活在社会中的每一个人，包括所有的领导者，都程度不同地存在着嫉妒心理。从某种意义上讲，嫉妒是推动竞争的一种原动力。每一个生活在社会中的正常人，都比较重视别人对自己的评价，都比较注意自己在团体中所处的地位，这是正常的心态。但是如果这种心态过分地被强调，过分地争强好胜，排斥他人，就显得心胸狭窄，就是一种嫉妒。

人们之所以产生嫉妒心理，其主要原因有：

一、强烈的欲望所致

作为人，都有一种积极向上，追求美好的强烈欲望。当这种欲望得到满足和实现的时候，往往会产生一种占有欲和排他性；当这种欲望未能实现而别人比自己先实现这种欲望时，便产生一种为自己达不到而憎恨别人的激烈情感。领导者在职位上的竞争状态很突出地表现为这种欲望。

二、攀比心理

因为是同事同时参加工作且在同一环境中，他上我也得上。而先上的人往往被嫉妒，未上或后上者不服气，这种攀比心理化为嫉妒。

三、品德低下的人

社会生活中，也确有少数道德品质恶劣的人，他们采取"我不行，你也休想"的处世态度，自己无所为，也不让别人有所为，或看到别人的进步总有点不舒服，甚至制造谣言，有意中伤，极力破坏他人的名声。这种心理在领导者身上是不可取的。别人能够得到晋升，必然有其突出的地方。

一个人如果有嫉妒心理，就必须迅速进行自我调节，否则长久下去，会使人在自觉或者不自觉中表现出一种挑衅的行为，最后将和谐的关系变得不可收拾。人们要想自我实现，要想干一番事业，就必须从嫉妒圈里冲出来，把嫉妒心理转化为竞争意识。可以从以下方面来努力：

一是开阔胸怀，以大雅的态度为人处世。生活中，成为情感的主人，消除可能能致病的一切隐患，从病态的自卑、自责、自狂、自我崇拜中解放出来。在承认竞争者的优越、承认差距的同时，重新认识自己、发现自己和创造自己。这样领导者才能从嫉妒中突围出来，在生活中心平气，心安理得，在事业上积极进取、搏击人生，在属于自己的天地里取得自己的成功。

二是充实生活，用知识丰富自己。一个为奋斗目标，而生活得紧张而有节奏的人，是没有空闲去嫉妒别人的。因为这样的领导者生活的目的不是抓住别人死死不放，而是不断超越自己，战胜自己。领导者要在受到良性调控的情绪状态中发展自己和完善自己。

三是自我反省，从痛苦中觉醒。当人们用赞赏的目光注视着同事时，领导者应该自我反省一下，自己是否在用充满愤怒的眼睛看着别人，如果能够意识到自己在嫉妒，领导者就有勇气让自己突围。

四是从观念上转变。把嫉妒心理转化为竞争意识，实质就是把消极的心态转化为积极的心态。而积极的心理状态能使你获得人生最有价值的东西，它能帮助你走到竞争者的前面，能把不可能的事变成现实。对于那些具有积极心态的人来说，挫折或失败，只能成为他达到更大成功的阶梯，把嫉妒别人的精力都用于提高自己的工作和学习上，这是转化的关键所在。

五是从目标上升华。升华作用，是一种正常对抗本能欲望，也是最有建设性的心理防御机制。人生最要紧的是选择自己前进的目标，并且坚持不懈地努力奋斗去实现目标。目标的选择要贯彻扬长避短的原则。社会是广阔多元的，七十二行，行行出状元，条条道路都通向成才。因此，要想建功立业，不必去争夺那一时的荣耀，要把成功当成最伟大的功勋。

对鲶鱼型人才的嫉妒心理一定要转化为竞争意识，这是组织的需要，也是每一个员工自己的需要。

如何避免鲶鱼的互相残杀

避免鲶鱼型人才互相残杀的关键在领导者，基本思路和方法是疏导，而不是堵塞。

如果遇到互相残杀的现实，领导者在采取措施之前，一定要问清楚自己三个问题：

第一，组织中的鲶鱼型人才是否过多？如果组织中鲶鱼型人才过多了，那么最好的办法是引诱其中部分人离开，这样才能保证组织长久稳定。鲶鱼型人才在组织中有着比较特殊的作用，它能保证组织的活力，但绝对不是越多越好，必须有个度。组织的活跃分子太多往往会导致组织离心离德，没有凝聚力。

第二，鲶鱼型人才是否在工作内容上有所冲突？鲶鱼型人才工作内容重叠往往是引起冲突的主要原因。因为鲶鱼型人才往往坚持自己的主见，而不愿意听从别人的意见，因此工作内容出现重叠很容易导致双方发生冲突。

第三，是否要各打三十大板？对于很多领导者来说，各打三十大板是必然的。即使是一方完全在理，一方胡搅蛮缠，也必须这样做，这样做能够保证别人说自己不偏袒任何人。因为这种面子观念导致很多领导者在处理这样问题的时候往往有失公正。

问题进入实际解决阶段，必须充分把握好各种解决工具。即使对下属的表扬和批评，在方法上也是有讲究的。

领导者对下属的表扬必须有诚恳的态度，任何表扬都应该发自内心。对被表扬者的优点、进步、成绩要做出中肯的评价，并期望他能够继续发扬优点，做出更大的贡献。这样的表扬才是有效的。而且任何表扬都应该实事求是，不徇私情。表扬是一种有效的激励手段，只有客观公正，恰如其分和公平合理的表扬才能起到良好的激励作用。

批评和表扬一样，都是一种激励手段，二者性质不同，但目的相同，都是为了激励下属奋发努力，做好工作。对于领导者来说，批评和表扬一样都是日常工作中必用的实效管理术。但有些领导者害怕批评员工，因为他们认为批评会导致下属意见重重，会不利于管理。这是领导者性格缺陷的表现，领导者应该勇于批评，尽量地通过批评来实现管理的优化。在管理工作中，表扬和批评两者都要使用，不可偏废。但是表扬面一定要大，而批评面一定要窄。因为过多过繁的批评会打消下属的工作积极性，影响正常的工作。

对下属进行批评同样要讲究方法。批评要尽可能个别进行，单独进行。只有对那些后果严重、问题典型、具有普遍教育意义的错误，才可以公开批评，以警醒和教育大多数。领导者的任何批评都不是为了批评本身，而是为了团结。批评的目的是要帮助落后者，最终提高企业的整体效益。因此领导者要从团结的大局出发，讲究原则，用真诚的态度来批评员工，而不是打击报复。

同时，批评要适度、客观。适度的批评才能真正起到积极的鞭策作用。如果下属已经真心改过了，就应适可而止，千万不要上纲上线，甚至打倒一片。领导者要把握批评分寸，要建立在掌握的事实基础之上，否则下属会感到十分委屈，甚至会产生抵触情绪。因此在批评中要注意掌握客观事实是进行批评的前提,要通过观察、了解明确错误人,该批评谁就批评谁,千万不能过于草率和盲从。切忌道听途说和片面之词。

避免鲶鱼型人才互相残杀还必须注意不要阻止别人说什么。

周朝在成王和康王统治的时期,政局比较安定。但由于贵族加重剥削,再加上战争不断,平民和奴隶的不满情绪也随之增长。周朝的统治者为了控制人们,于是采用严酷的刑罚。到周穆王的时候,仅刑法就制定了三千条。然而刑法再严,也阻止不了人们的反抗。

到了西周第十个王周厉王即位以后,压迫就更加严重了。周厉王宠信一个叫荣夷公的人,他和荣夷公一起霸占了一切湖泊、河流,不准人们利用这些资源谋生。同时他们还勒索财物,虐待百姓。当时,把住在野外的农夫叫作野人,而把住在都城里的平民叫国人。周都镐京的国人不满厉王的暴虐统治,怨声载道。

大臣召公虎听到国人的非议越来越多,于是进宫劝告厉王迅速采取措施,不要再这样残暴了。厉王胸有成竹地认为自己有办法应付。很快他就下了一道命令,禁止国人批评朝政,他还专门从卫国找来了一个巫师,要他专门刺探批评朝政的人。只要巫师一发现有人在背后诽谤厉王,他就要立即报告。

这个巫师为了讨好厉王,于是派了一批人到处察听。而这些人四处敲诈勒索,如果有人不听从,他们就随便诬告。而厉王总是轻信巫师的报告,结果杀了不少国人。在如此恶劣的环境下,国人就都不敢在公开场合里议论了。人们在路上相互碰到,也不敢交谈招呼,只交换了一个眼色，然后就匆匆地走开。

厉王见到批评朝政的人越来越少，于是十分满意。有一次，召公虎去见厉王，厉王便洋洋得意地对召公虎炫耀说现在几乎没有人再议论什么了。召公虎听了，叹了一口气说："这种方法怎么能行呢？堵住人的嘴，不让人说话，比堵住河流还要危险！治水的根本在于疏通河道，让水自然地流到大海；而治理国家同样是这样，必须引导百姓说话，而不是硬堵住百姓的口，让他们不再说话。这样是会闯大祸的！"厉王不听。

过了三年，即公元前841年，国人实在忍无可忍，于是自发地进行了一次大规模的暴动。起义的国人围攻王宫，要杀厉王。而厉王得到风声之后，慌慌忙忙带着一批人逃命，一直逃过彘才停了下来。厉王出走后，朝廷里没有了国王，经大臣们商议，由召公虎和周公主持贵族会议，暂时代替周天子行使职权，这就是历史上的"共和行政"。

治水的关键在于疏导而不是堵塞，大禹的父亲鲧就是因为用了堵塞的方法来治理河水，结果迟迟没有把河水治理好，反而到最后被杀。而大禹之所以能够治理好黄河，就因为他懂得用疏导的办法。治理百姓同样如此，你不可能不让别人说话，议论，甚至宣泄，而应该用疏导的办法来引导舆论。

处理鲶鱼型人才的争端同样如此，你不能阻止他们说什么，也没有必要阻止他们说什么，但是你有办法引导别人的说法，让他们的说法对你有利，这是你能够做到的。其实哪个人前不说人，哪个背后无人说，不要把他们的说法看得太重，他们不管怎么说都对你没有任何影响，你是独立的，根本不是活在他们的说法之中。

古时候有很多人要为亡国死节，常常拿出的冠冕堂皇的理由是"后世该如何看我"？其实后世如何看他跟他一点关系都没有，后世如何看那是后世的事情，而且很多时候后世都是不看的，后世的人有自己的事情，哪有那么多闲工夫去理会前世已经发生的种种不幸。

很多时候，让鲶鱼型人才把话说出来是一种宣泄的方式，如果他们心中积怨太多，很容易导致采取极端的行动。鲶鱼型人才中会有这样一种人，他一般不喜欢说话，即使是受到委屈他都不会辩解，这种人往往把自己想说的话藏在心里，不表露出来，到忍无可忍的时候他会爆发，做出一些别人不可思议的事情。如果堵住别人的嘴不让别人说什么，就会让别人朝这种人的方向发展，如果他们一旦爆发起来，后果也是很难想象的。

领导者也没有必要为了取得别人说自己不偏私的说法而各打三十大板。

很多领导者都活在别人的评价之中，其实人又何必活在别人的评价中呢？历史上真正的大人物们都是半是盛赞，半是毁誉的。正是这种赞毁交加才更显得这些大人物有着重要影响。如果一个人总是得到赞誉，而没有半点毁誉，那么这个人肯定不正常，肯定很危险，就像当年王莽一样。

五代十国的冯道曾经问过他侍奉的某一个皇帝，他问朝廷中大臣们是如何看他的，皇帝说，毁誉参半吧。冯道笑笑说，其实我知道肯定是十分之九的人毁我，而只有不到十分之一的人是认同我的。冯道在五代十国的乱世中为社会稳定做出了十分杰出的贡献，他这样的人居然也是毁多誉少，更何况普通人呢？

不过毁他的人那么多，但人家不在乎，还是继续做自己认为对的事情，到冯道去世的时候，他的德望到了无可复加的地步。其实人家毁你，正是因为你对人家有影响，对人家重要，如果你对人家一点影响也没有，一点也不重要，那么人家也没有时间和精力来毁你，道理就是这样。

此外，还可以从两个方面来思考。

第一个方面，一个人真正可以引为知己的人并不多，因此真正了解自己的人也并不多。如果天下都了解了自己，那么证明自己是有问题的，或者过于懦弱，或者过于虚伪。既然自己的知己不多，那么这么多人盲从地毁你总比这么多人盲从地赞你要好得多，因为盲从的赞誉往往会让人头脑发热，而且容易受人利用和摆布。

第二个方面，真理往往掌握在少数人手中。在这个世界上大多数人是不了解真相的，他们并不知道什么是真理，他们所坚持所看好的人和事物往往都是假象。因此赞誉自己的人少未尝不是件好事，证明自己至少还有可能真的是个很了不起的人物。

第10章　引导鲶鱼型人才做到最好

鲶鱼型人才学会自我激励是必须的，在当今的社会中生存，无论是从社会现实来讲，还是从成功基础来讲，都需要鲶鱼型人才学会自我激励，激发自己的潜能。

要做就做最好的那个

雄心壮志和野心并没有多少区别。如果一个人确定了远大的目标，那么对于自己来说是雄心壮志，别人看来可能就是野心了。如果一个人确定了一个十分卑微委琐的目标，那么对于自己来说可能还是雄心壮志，别人也许还是会认为这是野心。

鲶鱼型人才应该有自己的目标。

刘备生存在东汉末年，他的目标是十分明确的。正是因为这种明确的目标，导致了他最后获得极大的成功。他最初要提高声望，后来他成了刘皇叔；他需要将才，他不仅有了关羽、张飞，而且也有了赵云、黄忠和马超。他需要谋臣，于是卧龙凤雏都愿意供他驱使。

有一位成功学大师说："人的头脑具有一种像飞弹一样的自动导航功能，一旦人有了明确清楚的目标后，头脑就会自动地发挥它无限的能量，产生强大的推动力，并且能够不断地瞄准目标和修正你的行为，自然地把我们引到朝向目标的方向前进。"

同时对于人来说，在头脑进行这种运作的过程中，最重要的不仅只是设定一个明确的目标，而是要十分明确达成这个目标的原因，毕竟原因主导一切，也只有这个原因才是让人持续朝目标前进的原动力。

刘备需要不断征战，最终成为帝王的原因在什么？就在于他感到不安全。他感到生存的不安全，在他的周围，到处是战乱，买席的人居然比买鞋的人多，这种状况让他觉得很不安全。

其实东汉末年的乱世对于刘备来说，毫无疑问是个很大的机遇。

他本身就一穷二白，什么都没有，穷者则无畏，所以他根本不用担心自己会失去什么，因为他什么都没有。世道越乱对于他来说越是机遇，他可以趁乱摸一张大牌。

人往往容易安于现状，而看不到长远的不安全。因为人有一种很强的惰性，而且绝大多数人对未来是恐惧的，害怕失去自己所拥有的一切，这就是为什么有那么多的人白手起家而获得成功了，因为他们没有什么好失去的。他们只有贫穷。

无论是古代社会，还是现代社会，整个社会都是在实行末位淘汰制。要想在社会中求得生存和发展就必须不断发奋，不断前进。而要不断前进首先就必须明确前进的方向，也就是说首先要明确目标。

人，这一辈子应该有什么样的目标呢？

每一个人的目标（或者说雄心壮志，或者也可以说是野心）都是不同的。不能用简单的说法来囊括所有人的想法。但是有一点是必须明确的，那就是你的目标必须能够保证你的生存和发展，否则目标就是有问题的。

仅仅有了目标还远远不够，还必须学会做规划，将目标进行分解。

一个人正确地设定目标，首先必须有明确的战略规划。人必须有眼光。所谓眼光，就是能够敏锐地发现更加有利于个人目标达成的条件或者形势，并为这一条件或者形势发挥作用制定可行性的计划。然后要去选取能够让你达成这个目标的工具。因为所有大目标的完成是由无数的小目标累积而来的，这就像是我们要坐车到达某个目的地一样，如果我们不知道最终要去什么地方，那么你又怎么知道你下一站要去哪儿，又怎么安排每一站的路线呢？在目标实现的整个过程中，每当收集到了一种工具，人就必须十分清楚地知道怎样利用这些工具来满足需求和目标，这样才能保证目标得到不偏不倚地实现。

这个世界上活过了800亿人，真正的英雄并不多。即使不说英雄，真正能够主动控制住生活的人也并不多，很多人都生活在不安全中，因为他们很难做到未雨绸缪。很多人都是过一天是一天，根本就没有带着头脑在想事情，根本没有抵抗风险的能力。

鲶鱼型人才必须具有防御未来风险的能力，因为未来将有怎么样的变故，谁都说不能肯定。但是能够肯定的是，如果你比别人准备得更充分，在未来的风险发生时，你会更有能力抵抗风险。

总之，鲶鱼型人才要想求得自身的安全，首先就必须明确自己的不安全是什么？绝大多数人的不安全就在于生活的惰性，这种惰性消磨了他们的意志，使他们失去了防御风险的能力。而防止产生惰性的最好办法就是确定一个目标，然后不折不扣地为实现目标而努力。这样活得才会安全。

藏污纳垢有时候是必需的

金无赤足，人无完人，任何人都有缺点，都有不足。优点越突出的人往往缺点更明显，在组织中生存，鲶鱼型人才要学会藏污纳垢。因为水至清则无鱼，人至察则无徒。

刘备在他一生中，对自己的要求比较严格，但是对他的亲信要求并不严格，这是他得到拥戴的一个重要原因。刘备能够接受吕布，能够接受魏延，就充分表明了他的大度。成大事者，不拘小节，刘备做到了。

要想成为卓越的人就必须严格区分做人和做事，对己和对人。对于跟随者他们做人如何对于自己来说关系并不大，关键是要看他们做事情如何，如果做人态度很糟糕，但是做事情却是很优秀，那么为了事业又怎么可以不用呢？人无完人，所有的人都有缺点，鲶鱼型人才千万不要根据自己的喜欢，无限夸大别人的缺点，这样会导致关系紧张，最终会影响团结的。鲶鱼型人才可以用很高的道德标准来要求自己，但是不要用很高的道德标准来要求别人，因为既然选择了这样的人作为同事，那么他首先就应该了解同事的为人，既然已经接受了他们的为人，那么就不应该再用很高的道德标准来要求跟随者。如果刘备在举兵之初就要求关羽张飞守礼守节，见面都要十分恭敬地叫一声："哥哥好。"那么刘备怎么可能得到两兄弟的忠心呢？繁文缛节对于很多人来说只是障碍，应该摒弃，尤其是道德上的繁文缛节。

战国时代的孟尝君养了三千多个食客，每个都很有本领。秦昭襄王很仰慕孟尝君的才能，于是请他到秦国作客。孟尝君于是送上一件名贵的纯白狐裘作为见面礼。孟尝君与秦昭襄王一见如故，秦王对孟尝君的才华相当敬佩，于是要拜他当宰相，结果引起了秦国大臣的嫉妒。于是许多大臣就在秦王面前进谗，起初秦王并不理会，但是三人成虎，不久秦王禁受不住进谗言，于是把孟尝君给软禁了起来。孟尝君被软禁后，他的食客去求秦王的宠妾燕妃帮忙。然而燕妃要求孟尝君送她一件白狐裘。孟尝君顿时觉得犯难，白狐裘只有一件，已经送给秦王，现在要到哪里再去找一件白狐裘呢？就在这时候，有一位食客自告奋勇地对孟尝君说，他有办法在明天天亮之前弄回一件白狐裘。于是这位食客偷偷进入皇宫，学着狗叫把卫士引开，偷回了那件已经献给秦王的白狐裘。孟尝君便利用这件白狐裘收买了燕妃，燕妃在秦王面前为孟尝君说了不少好话，于是秦王心一软，就释放了孟尝君。孟尝君害怕秦王反悔，于是刚被释放就趁着黑夜逃跑往齐国逃去。来到了秦国的边界函谷关时仍然是深夜，城门紧闭，根本没有办法出关，城门必须等到鸡鸣才会开放，但是如果等到天亮，秦王一定会派人来追杀他们。就在这时候，忽然有位食客拉开嗓子，学着鸡鸣，全城的鸡于是糊里糊涂都跟着一起叫。守城门的士兵一听到有这么多鸡在叫，以为天已经亮了，于是便打开城门，放他们通行了。

鸡鸣狗盗的故事在道德至上的中国向来是受到鄙夷的。中国崇尚清高的言行，清高的言行必然会带来美誉。于是便有了善于作秀的政客，鱼目混珠、虚伪地扮起道德完人的角色。然而崇尚清高的人常常发出极有煽动性的清议，忙于一些虚的东西，结果是成事不足，败事有余。

对于鲶鱼型人才来说，要有宽容的雅量，要务实而不能务虚。一个人的魅力很大程度上表现为容人之量。藏污纳垢、容忍他人的某些欲求和缺陷才能使他人由衷地归附和尊敬你，才能为你卖命。凡是小肚鸡肠、心胸狭窄者、崇尚清谈的人，往往得不到拥护。

在三国中，有个事件最能够说明鲶鱼型人才必须藏污纳垢的原因。

董承接受了汉献帝的带衣诏，并约了王子服等人共同举事，准备诛杀曹操。然而董承发现其家仆庆童与其侍妾私通，便将庆童杖罚。庆童怀恨，便去向曹操告密，说董承等人图谋不轨。结果这次计划惨败。董承提着脑袋在做大事，却在小事上斤斤计较，这是他失败的一个重要原因。要处罚庆童，也要等到大事成功后处罚，或者在当时就了结了他的性命，免得流祸。结果董承的妇人之仁，导致很好的一个计划失败了。

做杰出必须具备的素质

鲶鱼型人才要学会忍耐，这是一种必备素质，急躁的人很少有成功的。

刘备的忍耐力是超强的。

吕布袭取了徐州，他能隐忍不发到小沛驻军，以图再起。

曹操许田围猎的时候欺君罔上，关羽要杀曹操，被刘备制止了。

诸葛亮要让刘备行了三顾茅庐之礼，才肯出山，刘备果然做到了。

最后刘备终于忍无可忍，不听任何人的劝谏，坚决要亲征东吴，结果他惨败而归。

刘备一直很能忍，一直没有犯太大的错误。最后一次实在是忍无可忍，结果令蜀汉元气大伤。

鲶鱼型人才要能够忍耐，能够忍人所不能忍，能着眼于长远。

有人用纸做过一条长龙。长龙腹腔的空隙很小，于是他投放了几只蝗虫进去，不久，蝗虫都在里面死了，无一幸免。随后，这个人又将几只同样大小的青虫放进去，但仅仅几分钟后，青虫一一地从龙尾爬了出来。看的人觉得很奇怪，这人的解释是蝗虫性子太躁，除了挣扎，它们没想过用嘴巴去咬破长龙，更不知道一直向前可以从另一端爬出来。而相比较而言，青虫就很有耐心，所以它们能够生存下来。

有一个很成功的人，即将告别自己的工作领域。应行业协会和社会各界的邀请，他将在该城中最大的体育馆，做告别职业生涯的演说。

那天，会场座无虚席，人们在热切地、焦急地等待着那位在该领域最成功的人做精彩的演讲。当大幕徐徐拉开，舞台的正中央吊着一个巨大的铁球。为了这个铁球，台上搭起了高大的铁架。

一位老者在人们热烈的掌声中，走了出来，站在铁架的一边。他穿着一件红色的运动服，脚下是一双白色胶鞋。

这时两位工作人员，抬着一个大铁锤，放在老者的面前。主持人这时对观众讲：请一位身体强壮的人，到台上来。转眼间已有一个年轻人跑到台上。

老人这时开口和他讲规则，请他们用这个大铁锤，去敲打那个吊着的铁球，直到把它荡起来。这个年轻人抢着拿起铁锤，拉开架势，抡起大锤，全力向那吊着的铁球砸去，一声震耳的响声，那吊球动也没动。他就用大铁锤接二连三地砸向吊球，很快他就气喘吁吁。人们以为一切都是徒劳，会场恢复了平静。

这时老人从上衣口袋里掏出一个小锤，然后认真地面对着那个巨大的铁球。他用小锤对着铁球"咚"敲了一下，然后停顿一下，再一次用小锤"咚"敲了一下。人们奇怪地看着，老人就那样"咚"敲一下，然后停顿一下，就这样持续地做。

十分钟过去了，二十分钟过去了，会场早已开始骚动，人们用各种声音和动作发泄着他们的不满。老人仍然一小锤一停地工作着，他好像根本没有听见人们在喊叫什么。

大概在老人进行到四十分钟的时候，突然有人喊："球动了！"

老人开口讲话了，他只说了一句话：在成功的道路上，你没有耐心去等待成功的到来，那么，你只好用一生的耐心去面对失败。

251

鲶鱼型人才需要十分有耐心地去面对出现的种种困难。很少有人能够一帆风顺，每一个人的路都是坎坷的。更何况创业者有更高的目标和追求，他所需要走的路将异常坎坷，同时他所需要面对的问题也异常的棘手。因此需要创业者十分有耐心地去面对。正如那位老人所说：在成功的道路上，你没有耐心去等待成功的到来，那么，你只好用一生的耐心去面对失败。

鲶鱼型人才之所以需要有很好的耐心还在于，成功之所以没有发生很可能是因为环境还不允许，一旦环境允许，成功将是水到渠成的事情。很多人可能认为自己一直在十分正确地做事情，为什么到现在还不能成功？每回想问这个问题的时候，请想想刘备，他前半生也一直在做正确的事情，而且早就成名，但为什么到头来还是要寄人篱下？谁都想成功，但是成功只属于那些有很好耐心的人。因为他们能够坚持，也因为成功的出现是有很大的偶然因素，并不是必然的结果。

曾经有这么一个故事，讲的是一个农夫听说这个世界上某个地方有个很大的金矿，于是他迫不及待地想去寻宝，于是把自己所有的田地都卖了。过了若干年以后，农夫十分穷困潦倒地回到了自己的家乡，发现世界上最大的金矿居然在他原来的田地上。

鲶鱼型人才往往对成功人士的所谓成功经验奉若神明，以为按照他们那样做就可以很容易取得成功，殊不知成功是无法重复的。一个人的成功只是他当时所作所为符合了当时的现实，因此取得了成功。而现实在变，再用原来的做法来套如今的情形，这和刻舟求剑有什么区别。因此对于创业者来说，要有耐心，认定了自己要做的事情就要坚持把它做下去，也许有那么一天，别人会把你的做法当作成功经验而四处传播。

很多人之所以一事无成，在于自己缺少耐心，缺少坚守的毅力。如果一个人能够坚持用正确的方法做一件正确的事情，那么他不成功也是不大可能的。

究竟是什么阻挠了人们做事情的耐心呢？

是对未来的不确定。上帝托梦给诺亚让他造方舟，诺亚听从了。可是当诺亚一天天造方舟的时候却发现所有的人都在嘲笑他，而且上帝说的大洪水迟迟未到的时候，诺亚会是怎么样的心情？他会渐渐失去耐心的。很多人都是这样，他们之所以决定做一件事情，往往是因为一个不太确定的念头，而当这件事情的结果仍然遥遥无期的时候，他们往往会失去耐心，选择放弃。

有学生问大哲学家苏格拉底，怎样才能学到他那般博大精深的学问。苏格拉底并没有直接作答，而只是说："今天我们只学一件最简单的事情，这就是每个人把胳膊尽量往前甩，然后再尽量往后甩。"苏格拉底示范了一遍说："就从今天开始，每天做300下，大家能做到吗？"学生们都笑着回答说这有什么难的？过了一个月，苏格拉底问学生们："哪些同学坚持了？"有90%同学举起了手。过了一年，苏格拉底再一次问大家："最简单的甩手动作，还有哪几位同学坚持了？"最后整个教室里只有一人举了手，而这个学生就是后来成为古希腊另一位大哲学家的柏拉图。

可以体谅那些失去耐心的人的心情，但是这些人终究是很难成功的。鲶鱼型人才应该有超强的耐心。

牢牢盯紧目标和果断行动

任何人始终不能忘的是目标。目标就是人的生命线,必须盯紧。

鲶鱼型人才对待目标应该有九方皋相马的精神,认识到目标的本质,而不能停留在做表面文章。

伯乐是善于识别马的大师,一直为秦国相马。当他老的时候,秦穆公对他说:"你的年纪大了,你的子孙中可以派得出去寻找千里马的人吗?"

伯乐回答说:"一匹好马,可以从它的体形、外貌和骨架上看出来。而要找天下无双的千里马,好像还没有固定的标准,没法子用言语来表达。这种马奔跑起来,脚步非常轻盈,蹄子不扬起灰尘,速度非常快,一闪而过,好像看不到身影。而我的儿子都是一些下等的人才,他们能够相的只停留在好马上,却不能识别什么是千里马。我有个打柴卖菜的朋友叫九方皋,他相马的能力不在我之下。我就把他推荐给您吧!"

不久秦穆公召见了九方皋,派他出去寻找千里马。三个月以后,九方皋回来报告说:"已经找到了,在沙丘那个地方。"

秦穆公连忙问:"是什么样的马?"九方皋回答说:"是黄色的母马。"秦穆公派人去把马牵来,结果发现是黑色的公马。

秦穆公很不高兴,于是把伯乐叫来说:"你推荐的那个找马的人,连马的颜色和雌雄都搞不清楚,又怎么能识别千里马呢?"

伯乐一听,由衷地感慨说:"真是可怕,九方皋相马竟达到了这种地步,这正是他比我高明千万倍的原因。九方皋所看到的,正是天机!

他注重观察的是精神，而忽略了它的表象；注意它内在的品质，而忽视了它的颜色和雌雄；他只看见了他所需要看的而忽视了他所不必要看的；他只观察到他所需要观察的而忽视了他所不必要观察的。像他这样的人相出的马，绝对是比一般的好马更珍贵的千里马啊！"

马牵来了，果然是天下少有的千里马。

鲶鱼型人才要看自己所需要看的，而忽视自己不需要看的；要观察到自己所需要观察的，而忽视自己不需要观察的。很多人目标不能够十分明确下来，经常在改变之中，主要是受到一些外界信息的干扰。因此盯紧目标更深层次的含义是有效地排除干扰信息。

盯紧目标还需要有纪昌学箭的坚持。

甘蝇是古时的一名神射手。他只要张弓射箭，飞鸟就会应声落下，走兽也会应声倒地。他有个弟子叫飞卫，飞卫很虚心地向甘蝇学习，经过多年学习，他的技术终于超过了老师。而有个叫纪昌的年轻人又来拜飞卫为师。飞卫对他说："你先要学会在任何情况都不眨眼睛的本领，然后才谈得上学习射箭。"

于是纪昌回到家里，躺在他妻子的织布机下，两眼死死地盯着穿来穿去的梭子。两年以后，就是锥子已经快刺着他的眼睛了，他也一眨不眨。

他把自己的收获告诉飞卫，然而飞卫说："这还不够，你还得练好眼力才行。当你能够把极小的物体看得很大，把模糊不清的目标看得很清清楚楚，到那时候，你再来告诉我。"

纪昌回到家，便捉了一个虱子，用牛尾巴拴着，吊在窗口上，每

255

天都目不转睛地盯着那只虱子。十多天后，虱子在他眼中渐渐变大起来；三年以后，竟变得像车轮一般大小。这个时候纪昌再扭头看其他的东西，那些东西都跟山丘一样巨大。于是他用燕国牛角做成的弓，搭上蓬秆制成的箭，对准虱子射去，箭头不偏不倚地贯穿了虱子的心脏，而牛尾还好端端地悬在空中。纪昌跑去将这个好消息告诉飞卫。飞卫这个时候很高兴地对纪昌说："你已经学成功了！"

坚持是一种力量，它能够创造奇迹。这个世界曾经有很多人离成功只有一步之遥了，但是觉得自己实在是无法坚持下去了，于是放弃了，自然选择了失败。

夜晚在什么时候最黑？当然是黎明快到来的时候。这个理由已经足够让人坚持下去了。

以事业的实际而论，如果鲶鱼型人才服务于一个企业，那么第一年只是混个脸熟；第二年也只是多交些朋友，多积累些经验；到第三年、第四年，如果他还能够坚持下去的话，那么事业就很可能成功，因为经过前两年的准备和积累，第三年第四年是收获的时候了。很多企业到第二年就坚持不下去了，以失败告终。

有一个冬天，一艘航海的船触礁了，乘客掉到了冰冷的海水里，很多人双手紧紧抱着滚木，等待有人来救援。很多小时过去了，救援的人还是没有出现，于是有些人就放弃了，松开了滚木。有一个小男孩执拗地抱着滚木不放，因为他相信一定会有人来救他，因为他觉得他还有许多事情没有做，还有许多想法没有实现。于是他自己唱歌给自己听，唱着唱着，很多小时过去了，他也精疲力尽了。就在他要松开滚木的时候，一声汽笛传来，他是那场海难的唯一幸存者。多少年后，那个小男孩很出名。他一生的信条就是：坚持，即使在你实在无法坚持的情况下，也不要放弃希望，继续坚持。有人评价说：这种人，天生就是来这个世界成就事业的。

无论遇到什么艰难险阻，鲶鱼型人才都要坚持下来。因为这个困难如果克服不了，以后就永远都没有可能再克服这个困难了。这个困难已经成为了他心上的一座山，压得他喘不过气来。而且这个困难会时刻出现在创业者的事业中，因为它从来没有被解决过。

懂得放弃的人才会成功

舍得舍得，大舍大得，懂得放弃的人才会真正拥有自己想要的一切。

永州人都善于游泳。

有一天，河水突然暴涨，有几个人正乘坐一条小船渡湘江。结果渡到江中心，船突然漏水了，船上的人都只好跳到江中往岸上游。其中一个最会游泳的人使出了全身的力气，却没有平常游得快。和他一同渡江的同伴说："你是我们中间最善于游泳的，为什么今天却游得这样吃力呢？"那个人说："因为我腰里缠着一千大钱，非常重，所以落在后面了。"同伴劝他说："那你为什么不把它扔了呢？"那个人不说话，只是一个劲儿地摇头。

过了一会儿，他更加没有力气了。已经上了岸的人站在江边大声呼叫，说："你这人真是太糊涂了！你的命都快没有了，还要这些钱干什么？快把它扔了！"

那个人又是摇了摇头，便沉下去淹死了。

这个人好比鲶鱼型人才，到岸好比目标，钱好比累赘。为了达到目标，有些累赘是必须扔掉的。这些累赘很多时候是鲶鱼型人才舍不得的，结果影响了目标的实现。舍不得自然得不到。

历史上的成功者都舍得了一些东西，然后获得成功的。

吕不韦看到异人奇货可居，他便舍弃了自己如日中天的经商事业，并且用自己的积蓄来投资异人，甚至将自己的爱妾都送给了异人。最后异人当了秦王，而吕不韦就当了秦国的丞相，权倾天下。

吴起想领兵出征，但有人告诉君王说：吴起的妻子是敌国的人，把兵权交给吴起很危险。吴起为了兵权，结果杀掉了自己的妻子。当然在这里，并不是怂恿创业者去做一些有违法律或道德的事情，而是以这个极端的例子说明目标是第一位的，为了实现目标，一些在不违反法律或不违背道德的事情是要下定决心去做的。

刘备如果舍不得涿郡暂时安宁的生活，他不可能成为君王；诸葛亮如果舍不得南阳躬耕的日子，很难成为一代名相。

那么哪些东西是鲶鱼型人才应该舍掉的呢？

首先，鲶鱼型人才应该舍掉的是生活惰性。生活一旦形成惰性，做什么事情都很难有激情。即使下定决心做一件事情的时候，往往一遇到困难就想退回到原来的生活状态之中。这就是如果想毁掉一个人就只需要让他安逸起来的原因了。有这么一个故事：一年冬天，一个财主在家门口看到一个冻僵的乞丐，财主十分生气，又不好把人家从家门口赶走。于是想出了一条很毒的计，他请乞丐喝了一杯酒，然后和乞丐打了个赌：如果乞丐能在大街上站上一个晚上，那么他就把家产分一半给他；如果乞丐冻死了，那么就两不相欠。乞丐想了想便答应了。当时天下大雪，外面冻得财主连手都不敢伸出来。他认为乞丐这回死定了，死在大街上总比死在他家门口要强上千百倍。没有想到第二天早上，乞丐还好好活着，而监视乞丐的家丁也证实乞丐一个晚上都站在大街上。财主只好分一半财产给乞丐。乞丐富有了以后，便如流水般花钱，过着锦衣玉食的生活。过了几年，乞丐把财产挥霍一空，还欠了财主很多债，于是这个时候他来找财主打赌，还是老样子的赌法，如果乞丐赢了，那么债务一笔勾销。财主想了想，反正乞丐也没有钱还，于是同意了。结果上半夜还没有过，乞丐就冻死了。

其次，鲶鱼型人才应该舍掉的是自己已经比较成功但和目标不符合的事业。这是最难的。很多鲶鱼型人才本身有已经很成功的事业，但是这些事业的前途有限，为了更大的目标，必然要对将这些舍弃掉，否则会分散精力，得不偿失。

再次，鲶鱼型人才要舍掉以往成功的心态。也就是说鲶鱼型人才要有一种归零心态。不管以前怎么样成功，既然选择了从事新的事业，那么以前的成功都要一概抹掉，一切从零开始，一切从头再来。很多以前成功的经验并不符合今天的实际，但创业者容易抱残守缺，容易相信自己曾经亲身经历过的一切，于是不相信理性的判断，不相信别人的劝说，一意孤行坚持按照原来的办法来做，结果可想而知。《吕氏春秋》记载着这样一个故事：有个人路过江边，看见一个汉子正牵着一个婴儿，想要把他投进江里去，婴儿吓得哇哇地乱哭乱叫。这人走上前去问那汉子："你怎么把婴儿往江里投呢？"那汉子说："怕什么？他的爸爸很会游水。"他的爸爸会游泳，他的儿子难道那么快也就会游泳吗？很多创业者有其父善游的心态，认为自己曾经成功过，现在成功也是不难的事情。殊不知这是自欺欺人。

最后，鲶鱼型人才要舍掉很多不切合实际的想法。鲶鱼型人才定然有很多目标，最后必须确定一个目标，然后努力将这个目标实现。但常常人会有一些不切合实际的想法，总想着为了规避风险便多确定几个目标，这样即使一个目标无法实现，另外一个目标也有可能实现。

这种想法是最致命的，多个目标自然分散了精力，一个目标无法实现，很容易像多米诺骨牌一样导致一片都无法实现。人在面临多个目标的时候往往不会全力以赴，而是以为这个不行，下个可以来补充，以这样的心态，又怎么能实现目标呢？

其实鲶鱼型人才选择组织也是一种舍弃，这种舍弃是为了得到更多或者得到自己想得到的。人们往往把选择新的组织叫作转型。人只有在不断地转型中才能保持很好的激情和昂扬的斗志。毕竟长久地经营一件事情很容易形成经营惰性，很容易志得意满。真正的成功者会不断地改变自己来追求自己全面的成功。鲶鱼型人才应该有这种胆识，生当作人杰，人生一世应当做世间人人景仰的人物。

不要思考太多

很多理性的人最容易犯的一个毛病就是思考太多，结果所有的精力都在思考中浪费，最后并没有得到任何结论。对于有些人来说，固然要细加思考。但是有相当一部分的人思考过多，结果导致处于进退两难的境地。

思考过多的鲶鱼型人才不妨看看下面这个寓言。

蜈蚣是用成百条细足蠕动前行的。狐狸见了蜈蚣，久久地注视着，心里很纳闷：四条腿走路都那么困难，可蜈蚣居然有成百条腿，它如何行走？这简直是奇迹！蜈蚣是怎么决定先迈哪条腿，然后动哪条腿，接着再动哪条腿呢？有成百条腿呢！于是狐狸拦住了蜈蚣，问道："我被你弄糊涂了，有个问题我解答不了，你是怎么走路的？用这么多条腿走路，这简直不可能！"

蜈蚣说："我一直就这么走的，可谁想过呢？现在既然你问了，那我得想一想才能回答你。"

这一念头第一次进入了蜈蚣的意识。事实上，狐狸是对的——该先动哪条腿呢？蜈蚣站立了几分钟，动弹不得，蹒跚了几步，终于趴下了。它对狐狸说："请你再也别问其他蜈蚣这个问题了，我一直都在走路，这根本不成问题，现在你把我害苦了！我动不了了，成百条腿要移动，我该怎么办呢？"

最后蜈蚣被别的蜈蚣抬回了家。

鲶鱼型人才为什么会复杂思考，其根源在于他们患得患失，其结果是他们失去了宝贵的精力，而得到了烦恼。

有个作者写过刘备"创业"的故事，在刘备的故事中，刘备思考就很简单。因为他感觉到不安全，而当官又没有任何出路，所以他选择了"创业"。而"创业"的过程中，刘备对未来并没有过多思考，而是不断地行动，不断地实践，用行动和实践赢得了自己的优势。如果他在"创业"之初就思考到自己毫无优势可言，曹操早晚要来消灭他的话，他可能很早就对未来失去了信心，更不用提以后建立蜀汉王朝。简单思考的原则对于刘备来说是始终坚持的，他并不是一个智商过高的人，他没有用太多的时间去思考那些烦琐的事情，对于他来说，那种做法没有必要。在得到诸葛亮以后，刘备的思考更是简单，很多事情只需要他出面组织一下就完全可以了，根本就不需要他来布局，自然有军师诸葛亮来控制整个局面。

那些思考复杂的人往往出于对自己的不信任。他们对自己的决策很是担心，害怕决策后带来的后果导致自己承担很大的风险，甚至直接导致失败。这种人把人谋的因素看得太重，而忽略了环境因素。其实未来如何，谁也很难说清楚，世界上有的是聪明人，但是始终是没有先知的。甚至那些所谓的预言家都是一百个预言偶尔成功了一两个，就被别人所追捧起来的。因此鲶鱼型人才要有一些冒险精神，事业本身来说，就是一种冒险。鲶鱼型人才既然不安于现状，就要有承担改变现状所带来风险的心理准备。任何改变都是有风险的，都是会带来不适应的，而这种不适应可能比现状更加让人难受。历史上朝代的更迭最好地证明了这种状态。在王莽篡位后，天下混乱，到处是战火，百姓觉得生活十分艰苦，十分难受。等到刘秀平定天下时，居然有很多百姓认为生活状态连王莽统治的时候都不如。这就充分说明了现状生存的一种惰性会让人产生很强的不适应。鲶鱼型人才应该考虑到这种风险的存在，因此在冒险的时候应该有心理准备，这种不适应倒不是因为自己做错了什么，这是一种必然存在的心理感觉。

还有些人思考复杂的原因在于他们看到了过多的失败。很显然，刚进入一个行业很少有人不走弯路的。而且根据人们传播信息的选择性，人们往往十分乐意传递那些坏的消息，而不会传递好的消息。比如现在兴建了一座桥和倒塌了一座桥，人们往往先传哪个消息，很显然是传倒塌了一座桥。对于消息传播者来说，人们也乐于传递某某人失败，而很少传递某某人成功。而这种信息的累积往往让人思前想后，畏葸不前，害怕自己也会失败，多年的积累毁于一旦。殊不知，越是这样思考，越是必败无疑。其实别人无论成功与否都和自己没有多少关系，这世界上总有成功者，成功者也总是很多，为什么别人能成功，自己不能成功呢？为什么别人做得来的事情，自己却不敢做呢？

很多获得极大成功的人最后回忆自己选择之初时，总是说自己没有想到会有这么大的成就。就像刘备在涿县的时候根本就不可能想到自己最后能够称帝。他最初的想法就是报效国家，但是后来的时局造就了他这样一个帝王。

因此对于鲶鱼型人才来说，不要过多地考虑什么。只要明确自己为什么要进入一个组织，为什么非进入组织不可就可以了。想得太多的人往往像那只百足蜈蚣一样忘记了自己该怎么样去走路，最后只能被别人抬回家。

注意自己的生存之本

一只空袋子躺在地板上,人们从旁边走过的时候,常常拿它擦擦靴子。然而有朝一日,它的里边儿突然被钱装得满满的,于是马上身价百倍,成了主人宠爱的宝贝,被郑重地藏进了保险柜里,连苍蝇也不敢去碰一碰。

主人喜欢经常把它拿出来摆阔,弄得全城的人都知道有这样一只袋子。只要有朋友来,主人就谈论他的袋子,好像这个袋子就是他的性命。当然袋子也时常被打开,人人都伸长脖子向袋子里边瞧,同时用手温和地抚摸着它,或者很热情地用手指轻轻弹它一下。

袋子看到所有的人对它这样的推崇,于是神气活现、自作聪明起来。这个袋子开始说些荒谬绝伦的废话,乱下评论:"那可不行!""他是笨蛋"等等。虽然它说的都是蠢话,但大家都张大了嘴巴听着它整天胡说乱道。

有一天,主人把钱全部取出来,袋子又空了,所有的听众都离开了,人们开始又拿它擦靴子了。袋子很快就明白了自己受到器重的原因了。

鲶鱼型人才不能忘记自己的生存之本,要真正地了解自己成功的原因,是偶然就是偶然,不要过分地追求成功的必然性。

同时鲶鱼型人才要注意保护自己的成功之本,不要轻易将它透露给别人,因为很容易被别人仿效。

有一个人擅长角力。他的技术十分高明,浑身的解数足有720种,而且每次出手都各有不相同。徒弟里头,他最喜欢一个长得高高大大的年轻人。他把自己的本事教给他719样，只留下一样不肯再传。那年轻人本事高明，力大无比，谁也敌他不过。于是他跑到国王面前夸口，说他所以不愿胜过师傅，只因敬他年老，又看他到底总是自己师傅。其实，自己的本领和力气，绝不比师傅差。不信可以让他和师傅较量一下。

国王一听来了兴趣，叫人选了一处宽大的场地，把满朝达官贵人都请了来。叫师徒二人比赛。

那青年走进场地，耀武扬威，好像今天的胜利者非他莫属。即使他的敌人是一座铁山，也会被他轻轻地推倒。

师傅看到他的力气比自己大，于是使出最后一招，一把将他扭住。这个时候年轻人还不知怎样招架，就已经被师傅举过头顶，抛在地上。满场的人都欢呼起来。国王叫人拿了一件袍子奖给师傅。然后很生气地对那个年轻人说："你妄想和你师傅较量，可是你失败了。"

这个青年不服气地说道："他胜过我并不是凭力气。那是因为他留下一手没有传。就凭这小小的一点本事，今天把我打败了。"

那师傅不紧不慢地说："我留下这一手也正是为了今天。因为有人说过，不要把本事全部教给你的徒弟，万一他将来变成敌人，你怎样抵挡得住？从前还有个吃过徒弟亏的人说，也不知是如今人心改变，还是世上本来就没有情义，我向他传授射箭技艺，最后他们却把我当作天上的飞鸟。"

鲶鱼型人才之所以要对自己的生存之本严加保护，也是为了防止有些小人作怪。毕竟这世界最难琢磨的是人心。

很多鲶鱼型人才从事经营的时候风风火火，很快就做大了起来。但是等发展到一定阶段，很多同事都纷纷离开另立山头，进而形成了最直接的竞争。这种情形可以想象，毕竟企业中拥有最大话语权的人只有一个，而且企业发展到不同阶段，不同意见自然多了起来，因为意见分歧而闹分家也是可以原谅的。但是对于鲶鱼型人才来说，遇到这种情况必须有两手准备，一方面要千方百计挽留住他们，另一方面要学会保护企业生存之本，不要让他们带走了，如果被复制和模仿将会对原企业形成很大的冲击。

此外，很多企业发展到最后变成了大而全，忘记了自己的生存之本，结果很快成了大企业病。其实企业的生存之本除了战略、资源和商业机密外，最重要的就是两个：一个是资金流，一个是价值链。

只要保证资金流畅通，无论企业如何亏损都能继续生存。如果资金流出现断流，即使企业有很大的盈利能力，也很难继续生存下去。所以创业者必须留意组织的资金流，将资金流控制好。

价值链是企业的另一个生存之本，整个价值链从产品的生产，到流通，一直到销售以及售后服务等，这些是鲶鱼型人才必须控制住的。价值链的任何环节出现了问题都会影响产品价值的实现。

鲶鱼型人才要多总结自己的生存之本，并将这些生存之本牢牢地控制住。

鲶鱼型人才在精神上也有一些生存之本。比如艰苦创业、不屈不挠、和所有同事能够打成一片，这些都是必需的生存之本。和跟随者打成一片是最重要的精神上的生存之本。拿破仑在总结他后来为什么会失败的时候，列出了一条十分重要的原因：已经很久没有和将士们一起吃饭了。他脱离了军队，而他以前之所以取胜正是因为他和军队始终在一起，他能够为士兵们着想。

生存之本是事业的根基，鲶鱼型人才不要忘记。

自信和他信

鲶鱼型人才必须具备的一个最基本的品质就是自信。只有自信才能够保证自己不会为当前的迷茫所放缓脚步，只有自信才能够保证自己始终坚持走自己认定的道路，到最后达到成功。

鲶鱼型人才从事事业的过程就像诺亚造方舟的过程。诺亚得到神谕说即将来临一场大洪水，你可以迅速造一个方舟，以备洪水来临时逃生。鲶鱼型人才也是坚信自己所从事的事情能够获得最大的利益，才下定决心要去做这些事情。

我们试想一下，诺亚一生中最难受的是什么时候？肯定是他在得到神谕之后，洪水来临之前。因为在这段时间人们都会嘲笑他是个傻子、疯子，没有洪水造什么方舟，而这些都不是最致命的，最致命的是诺亚造方舟时候的心情，他会怀疑自己是不是听错了，洪水还没有到来，自己是不是在徒劳无功，这些都会打击他的自信心，他会怀疑自己的。如果不是意志十分坚定的人，肯定早就被这种怀疑给打败了，放弃了，等到洪水来临的时候，也只有死路一条。

鲶鱼型人才也是这样，在追求利益的过程中，如果利益迟迟未到，或者来的利益并没有自己想象中的那样，那么鲶鱼型人才肯定会怀疑自己是不是走错了路，便想放弃，想重新做其他的事情。但就等鲶鱼型人才刚放弃不久，利益就像洪水般涌来，创业者也只能够为自己不能坚持而懊悔，接着去从事另一个失败。

所以对鲶鱼型人才来说，最为根本的是信心。首先要坚定自己确实是在做最正确的事情，其次要相信自己正在正确地做事。为什么这个世界上成功的人能够不断成功，失败的人却接连失败？为什么洛克菲勒夸了海口说，如果将他身无分文，一丝不挂地抛弃在沙漠，只要有一队商队经过，他也可以在很短的时间内成为百万富翁？原因就在于成功的经验让他们有了无人可比的信心。而最可悲的事情就是很多鲶鱼型人才本身无成功经验可言，这个时候又不能给自己灌输一种信心，他又怎么能成功呢？

自信对于一个人来说是十分重要的，我们可以从下面一个故事来看出自信的重要性。

在病房里，一个生命垂危的病人从房间里看见窗外的一棵树，在秋风中一片片地掉落下来。病人望着眼前的萧萧落叶，身体也随之每况愈下，一天不如一天。她对自己说道："当所有的树叶全部掉光的时候，我也就要死去了。"这句话被一个画家知道了，于是画家在深夜爬上了树，用彩笔画了一片叶脉青翠的树叶挂到了树枝上。秋天过了，冬天来了。冬天过了，春天又来了，最后一片叶子始终没掉下来。也正是因为生命中的这片绿，病人竟奇迹般地活了下来。

鲶鱼型人才只有在任何时候都保留一份自信在心底，才能够发挥出自己的正常水平，实现自己的梦想，甚至有可能超水平发挥，实现自己想都想不到的成功。

人需要有自信，首先必须有乐观的心态。自信的产生来自于心态的乐观。

培养乐观的心态，是每一个人必须致力的。有这样一则笑话：乐观者发明了游艇，悲观者发明了救生圈；乐观者建造了高楼，悲观者生产了救火栓；乐观者都去做了玩命的赛车手，悲观者却穿起了白大褂当了医生；最后乐观者发射了宇宙飞船，悲观者则开办了保险公司。可见对于一个人来说，保持乐观的心态是相当必要的。

一个人乐观与否说到底是一个思想意识问题。弥尔顿在《失乐园》中有一句话："意识本身可以把地狱造就成天堂，也能把天堂折腾成地狱。"很多人的困难和烦恼甚至是痛苦都不是因为事情的本身，而是他们看问题的观念和态度。

如果仔细观察便会发现，凡是成功的人总有积极乐观的人生态度；而凡是失败的人总是人生态度有问题。积极乐观的心态使得目光总是向着明天。遇到困难的时候，成功的人总能客观全面地分析，既不把责任全推给别人，也不对自己妄自菲薄；既不过分执着，也不会不以为然；在深刻反思中继续努力。

刘备在未遇到诸葛亮之前，是败了又败，都快五十岁的诸侯了，还是没有一块立身之地，更不要提匡扶汉室了。但刘备有信心自己能够做到，于是他不断地想办法求得安身立命的地方，即使暂时忍辱偷生也无所谓，最后他终于成为了帝王。试问如果刘备在遇到第一次挫折的时候就心灰意冷，不求上进，整天抑郁，最后郁郁而终，那么谁来缔造蜀汉的江山？即使上天眷顾再出十个诸葛亮，也无济于事，因为缺少了像刘备这样的领导者。

有些人之所以没有信心，主要是对前途感到十分迷茫。试问，如果天下人都对前途十分确定，所有人都知道自己这样做会得到什么，会失去什么，而且最后得到和失去的都分毫不差的话，那么天下人都可以成功，那还需要创业者辛苦创业干什么？

有些创业者之所以没有信心，主要是因为畏惧。他们对自身能力不足产生了畏惧，怕自己什么都做不好，怕自己会把事情弄糟，因此不敢选择，不敢做决策。任何选择和决策都是有机会成本的，都是要付出一些代价的，人如果畏惧这些代价过多的付出，那么也很难成功，一个对未来产生畏惧的人是很难取得成功的。

作者曾经听到这么一个故事，很多年来一听到这个故事还是十分激动。

第二次世界大战时，德国法西斯头目之一戈林曾问一位瑞士军官：

"你们有多少人可以作战？"

"五十万。"

"如果我派百万大军进入你们的国境，你怎么办？"

"那我们每人打两枪就行了。"该军官回答。

毫无疑问，该军官是勇敢的，也是毫无畏惧的。德国最后放弃了侵略这个国家听说和这个军官的回答有直接关系。

鲶鱼型人才要无所畏惧，最后才能获得成功。

相信别人

鲶鱼型人才不但要自信,而且要信任别人。常常看到一些人事必躬亲,生怕别人做不好,结果是自己到处忙着救火,什么都没有做成,而别人也与自己拉开了距离。对于鲶鱼型人才来说,最大的心理障碍可能就是不信任别人,不知道放权,事必躬亲,那么很显然能取得的成就是极其有限的,仅限于个人的能量。

鲶鱼型人才要想取得大成功,就必须在组织中建立信任。而建立信任的第一步就是确定言而有信的作风,让它成为组织文化的重要组成部分。

商鞅是秦国由弱到强的关键人物。商鞅在秦国推行变法之前,首先就解决了信任问题和忠诚问题。当年,商鞅起草了一个改革的法令,但又怕老百姓不相信他,于是就叫人在都城的南门竖了一根很高的木头,并说,谁能把木头搬到北门,就赏谁十两金子。很多人都以为这是开玩笑。商鞅知道老百姓不相信他,就把赏金提高到五十两金子。人们在木头旁议论纷纷,终于有一个人把木头扛起来,一直扛到了北门。结果商鞅真的赏给那人五十金。这件事在秦国引起了轰动,商鞅说到做到,在老百姓中有了威信,于是商鞅就把新法令公布了出去。秦孝公这样一号召,果然吸引了不少有才干的人。商鞅有令必行,言而有信的作风是赢得信任的关键,同时也为秦国国君赢得了百姓的忠诚。

没有信任就没有成功的希望,没有公正坦诚也就谈不上什么相互之间的信任。鲶鱼型人才必须注意自己的言行,要谨守自己的许诺,说过的话就一定要算数。否则只能失信于人，影响创业团队的战斗力。我国古代有见识的人都十分讲究诚信，即使对自己的家人也是一诺千金。

曾子的妻子要到集市上去，孩子跟在后面，哭哭啼啼地闹着也要去。她就哄孩子说："你就在家中，等我回来了杀猪给你吃。"不久妻子从集市回来，曾子就去抓猪准备杀掉它。妻子对他说："我只不过是和小孩子说着玩罢了，你怎么就当真了呢？"曾子说："和小孩子是不能随便开玩笑的。他们没有分辨的能力，都是效仿父母的样子做事，听父母的指教成人的。现在你欺骗他，这是教孩子学骗人！做母亲的欺骗孩子，孩子也就不会相信他的母亲。这样教育孩子是不对的！"说完，他就把猪杀了，真的让孩子吃上了猪肉。

有人会笑曾子过于迂腐，太注重小事。其实小事如果做多了，就会形成习惯。小的恶习如果积累多了就会成为大恶。一次次小的不信任多了，就会导致组织互相猜疑，互不信任。

建立信任的第二步就是建立和谐的人际关系。

君子坦荡荡，人长戚戚。在人际关系方面，掩饰只会破坏相互之间的信任关系，虚伪只能使人际关系更加不稳定，并且最终使每一个决策犹豫不决。遮遮掩掩的事实就像谎言一样无法令人忍受，任何掩盖和歪曲都是对事实的不信任，都是对人格的践踏。同时相互信任还表现在行胜于言，不能仅仅靠嘴上的言语来体现忠诚，还要用行动来体现信任。信任是一切人类关系的基石，信任是一个团队或个体获取长远利益的唯一途径。只有团队成员的相互信任，才能使团队的合作经久不衰，使团队拥有更强的核心竞争力，这个团队才有能力来回报成员的信任。

建立信任的第三步就是懂得放权。

很多鲶鱼型人才事必躬亲，认为只有自己做才最放心。殊不知这种事必躬亲最后造成了组织没有任何活力和创造力。这样的鲶鱼型人才所需要的绝对不是有激情有主见的同事，而是需要能够一丝不漏地贯彻和执行自己意图的员工，甚至是有些鲶鱼型人才连执行权都不能够舍弃，最后自己什么都做，事无巨细全部包揽，导致了最后忙得焦头烂额，却什么都得不到，更得不到团队的信任。

鲶鱼型人才必须学会授权，学会用别人的力量来实现自己的目标。

鲶鱼型人才对于将被授权的人要有全面了解和考察。考察了解后再决定是否可以授权，以避免授权后不合适而造成不必要的损失。一般来说，鲶鱼型人才应该疑人不用，用人不疑。一旦相信别人，就应该一次授予权力，授权后，就不要再事无巨细都过问了。贯彻信任原则，要做到受权之人职权范围内的事让其说了算，只要不违背根本原则，就要支持其工作，对于工作的小失误要采取宽容态度。

诸葛亮的事必躬亲最后导致的结果是"蜀中无大将，廖化当先锋"，最后蜀国最先灭亡。因此，鲶鱼型人才要适度地信任人，对别人理应负责的事，只是做适度的提醒与检查，其余的就采取比较信任的态度，这样工作就会轻松许多。鲶鱼型人才也可能有充分的时间来防范突发的事件，提高成功的概率。企业经营中最重要的因素就是团队。团队一定要谨慎选择，因为只有好的团队，相互了解了才能够放权，如果相互都不了解，那么放权后，对于出现的一丝一毫的差错都会有怀疑，而这种怀疑将直接导致团队的分崩离析。这就是经营中最大的失败。刘备之所以最后能够取得成功，和他精心培养的团队关系最大，他充分放权，充分相信他的团队，因此他的团队成员也对他忠心耿耿，尽忠竭智，以回报刘备的信任。